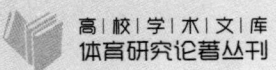
高|校|学|术|文|库
体育研究论著丛刊

校园足球体系建设理论与实践

王 宽 著

中国书籍出版社
China Book Press

图书在版编目(CIP)数据

校园足球体系建设理论与实践 / 王宽著.—北京：
中国书籍出版社,2017.3
ISBN 978-7-5068-6130-4

Ⅰ.①校… Ⅱ.①王… Ⅲ.①青少年—足球运动—研究
Ⅳ.①G843

中国版本图书馆 CIP 数据核字(2017)第 074234 号

校园足球体系建设理论与实践

王　宽　著

丛书策划	谭　鹏　武　斌
责任编辑	李　新
责任印制	孙马飞　马　芝
封面设计	马静静
出版发行	中国书籍出版社
地　　址	北京市丰台区三路居路 97 号(邮编:100073)
电　　话	(010)52257143(总编室)　(010)52257140(发行部)
电子邮箱	chinabp@vip.sina.com
经　　销	全国新华书店
印　　刷	三河市铭浩彩色印装有限公司
开　　本	710 毫米×1000 毫米　1/16
印　　张	16.25
字　　数	211 千字
版　　次	2018 年 10 月第 1 版　2018 年 10 月第 1 次印刷
书　　号	ISBN 978-7-5068-6130-4
定　　价	52.00 元

目　录

第一章　足球运动简介 ················· 1

　　第一节　足球运动的起源与发展 ··········· 1

　　第二节　足球运动的主要特点 ············ 17

　　第三节　足球运动的锻炼价值 ············ 22

　　第四节　世界性足球赛事简介 ············ 37

第二章　校园足球体系建设基础理论 ········ 42

　　第一节　校园足球体系建设的必要性 ········ 42

　　第二节　校园足球体系建设的基本原则 ······· 45

　　第三节　校园足球体系建设计划的制订与实施 ··· 55

第三章　校园足球基础保障体系建设 ········ 62

　　第一节　校园足球思想保障 ············· 62

　　第二节　校园足球场地保障 ············· 66

　　第三节　校园足球师资保障 ············· 70

第四章　校园足球教学体系建设 ·········· 84

　　第一节　小学足球教学体系建设 ··········· 84

　　第二节　初中足球教学体系建设 ·········· 107

　　第三节　高中足球教学体系建设 ·········· 119

　　第四节　高校足球教学体系建设 ·········· 127

第五章　校园足球活动体系建设 ·························· 133

第一节　校园足球课外活动简介 ················· 133

第二节　校园足球运动员的选材 ················· 137

第三节　校园足球队的组建与训练 ··············· 145

第四节　校园足球竞赛组织工作 ················· 168

第六章　校园足球教学环境体系建设 ··············· 178

第一节　教学环境简介 ······················· 178

第二节　校园足球教学环境优化的必要性 ········· 179

第三节　校园足球教学环境优化的基本原则 ······· 181

第四节　校园足球教学环境优化的基本策略 ······· 182

第七章　校园足球健康服务体系建设 ··············· 188

第一节　校园足球运动员饮食健康服务 ··········· 188

第二节　校园足球运动员运动健康服务 ··········· 203

第三节　校园足球运动员心理健康服务 ··········· 218

第八章　校园足球活动评价体系建设 ··············· 236

第一节　校园足球教学评价的基本原则 ··········· 236

第二节　校园足球教学评价的核心观念 ··········· 240

第三节　校园足球活动评价体系存在的问题 ········ 244

第四节　校园足球教学评价体系的构建与优化 ······· 245

参考文献 ······································· 248

第一章 足球运动简介

第一节 足球运动的起源与发展

一、世界足球运动的起源与发展

(一)世界足球运动的起源

很多研究足球的学者认为,足球可能起源于中国古代的"蹴鞠"、日本的"克马锐"(Kemari)、希腊的"埃佩斯卡洛斯"(Episkaros),罗马的"哈巴斯托姆"(Harpastum)、意大利的"吉奥库迪·卡利西奥"(Gioco del Calcio)。其中,足球起源于中国的蹴鞠得到了世界的认可。

现代足球起源于英国。在足球运动的发展过程中。球的制作工艺、技术发展、军事上的活动需要等,使得足球比赛的方式多种多样。相传,希腊人和罗马人在中世纪以前就已经从事一种类似于足球的游戏。当时他们在一个长方形场地上,球放在场地中间的白线上,用脚把球踢滚到对方场地上,他们称这种游戏为"哈巴斯托姆"。哈巴斯托姆的比赛分上、下半时,游戏双方的目的是要把球带过对方的底线。在法国,比赛方式同哈巴斯托姆基本一样,只是球场非常大。有关文献记载,公元 1066 年后,哈巴斯托姆传入英国,并在十一二世纪时开始盛行。当时既无规则又无场地,人们就在街道上,甚至闹市区用脚或手任意踢球、掷球。这种比赛粗暴、混乱,严重影响了社会公共秩序,遭到当时君主们的反对。在 1314—1660 年间,虽然当地政府禁止开展足球及相关活动。但是,这种运动还是在民间继续发展着,并在 1490 年被正式定名为足球(Football)。

1681 年,英王查理二世废除禁令,类似足球运动的活动重获自由。到了十八九世纪,英国不少大学开始盛行足球活动。19 世纪中期,足球活动不仅在学校发展很快,社会上也有越来越多的人开始参加足球运动。

1837—1842 年,统一的足球规则在剑桥大学产生。1846 年、1848 年、1856 年、1863 年相继出现了新的足球运动规则。其中1863 年的足球运动规则(剑桥规则)最有影响,在足球运动的发展史上具有深远的意义。

(二)世界现代足球运动的发展

英国于 1857 年成立了第一个足球俱乐部——谢菲尔德足球俱乐部。此后,英国各地区相继成立了足球俱乐部。1863 年 10月 26 日,英国 11 个足球俱乐部的代表在伦敦召开会议,成立了世界上第一个足球运动组织——英格兰足球协会。从此,国际上把这一天视为现代足球运动的诞生日。

1863 年 12 月 8 日,英格兰足球协会修改了 1848 年剑桥大学制定的世界上第一部文字形式的足球规则,制定了全国统一的比赛规则(共 14 条),规定在足球比赛中只能用脚踢球,不得用手触球,并把"Football"称为"Association Football",学校称为 Soccer。

足球规则的发展和足球运动阵型的发展推动了足球运动的进步。1870 年,鉴于当时的足球比赛经常出现"奔跑带球射门"的场面,越位规则产生,并规定:进攻队员处于球的前方即为越位。1875 年,越位规则进行了修改,规定在进攻队员与对方端线之间防守队员不足 3 人时为越位。1925 年 6 月 13 日,国际足联对越位规则进行了修改,将"不足 3 人"改为"不足 2 人"。足球竞赛规则的改变,推动了足球技战术的发展。1930 年,英国人埃尔贝·契甫曼根据当时新的越位规则创造了"WM"阵型,此阵型在国际足坛盛行了 20 年之久。20 世纪 50 年代初,匈牙利人创造的四前锋式打法取代了"WM"阵型;1958 年,巴西人创造了"四二四"阵型,促进了足球技战术进一步发展;1974 年,荷兰人创造了全攻全守的整体型打法,足球运动进入"全面型"时代。

1885 年,英国首创了职业足球俱乐部,随后欧洲各国先后成立了职业足球俱乐部。20 世纪初,英国足协制定了一套较为完整的职业运动员注册和转会规章制度。随后欧洲和南美洲的一些国家相继实行了足球职业化,有关职业化的章程也逐渐完善。20 世纪 70 年代末至 80 年代初,在全球"足球热"浪潮的冲击下,全世界掀起了足球职业化的热潮。20 世纪 90 年代后,亚洲各国也逐渐实行了足球职业化。

目前,足球运动发展迅速,足球规则、足球制度、足球赛事和足球组织正在不断地发展和完善。[①]

二、中国足球运动的起源与发展

(一)中国足球运动的起源

记载一:

我国史书记载,约在 2 500 年以前的战国时期就有了一种叫"蹴鞠"的足球游戏,但它起源于何时还尚待进一步研究。汉刘向《别录》说:"蹴鞠者,传言黄帝所作;或曰起战国之时。"说"蹴鞠"黄帝作,道教尊崇黄帝。黄帝发明"蹴鞠之戏",在《道藏·轩辕黄帝传》中说得比较明确:"皇帝令作蹴鞠之戏,以练武士。"可以看出,战国时已有足球,固不待言,但战国以前足球起于何时? 根据目前我国可查文献记载,战国时期足球已较为普遍,据此推测足

① 王龙.篮排足球类运动技战术研究[M].长春:吉林大学出版社,2012.

球可能起源于战国初期或春秋时期(约公元前 475—前 221 年)。

记载二:

刘向(约公元前 77—前 6 年,西汉经学家、文学家、目录学家)著《战国策·齐策》中记载:苏秦为赵合从,说齐宣王曰:"……临淄甚富而实,其民无不吹竽、鼓瑟、击筑、弹琴,斗鸡、走犬、六博、蹋鞠者……"其中"蹋鞠"即"蹴鞠",可称其为"古代足球"。"蹋"和"蹴"都是用脚踢物的意思。"鞠"是用皮革制作成外皮,里面充填毛发作成的圆形物体。从这段史料可知,在当时"蹴鞠"已经是家喻户晓的体育活动了。

1976 年,考古工作者在湖南长沙马王堆三号西汉墓出土了一件帛书——《十大经·正乱》。此为专门记述黄帝战胜蚩尤之事的一篇帛书,其中有一段内容涉及了蹴鞠起源的传说:"黄帝身禺(遇)之(蚩)尤,因而擒之……充其胃以为鞠,使人执之,多中者赏。"其大意是说,大约在 4 600 多年前,中原的黄帝部落与南方的蚩尤部落在涿鹿(河北涿县)进行了一场战争。这场大战打了好些年,后来黄帝部落取得了胜利,擒杀了蚩尤。为了发泄余恨,黄帝便将蚩尤的胃塞满了毛发,做成球让士兵们踢。黄帝是传说中的部落首领,当时还没有文字记载,所有的社会文化,都是口授相传的。当时有没有创造足球游戏的可能呢?这条资料当然不能作为信史来使用,但结合人类经济和文化发展的进程来看,至少说明像足球一类的游戏已经萌芽了。但有一点需要说明的是,从文化发生学的观点来看,相同的文化和自然环境有可能产生相类似的文化形态的表现形式。所以说,这类最早的球类游戏的出现并不一定只限于某一个区域。《十大经·正乱》的作者是老子,老子生活的年代要比刘向大约早 500 年,这就给黄帝发明"蹴鞠之戏"的传说增加了几分可信度。如果这个传说是真的,那么,足球的历史就有 4 600 多年了。

2004 年 6 月 9 日至 11 日在山东省淄博市临淄区举行了"足球起源于临淄"论证会。中国体育史学、考古学和齐文化研究领域的专家和中国足球协会、国家体育总局文史工作委员会负责人

共计 36 人参加了论证会。专家们以古代文献史料和考古学资料
为依据,对中国古代蹴鞠的起源、形成和发展进行了多角度的论
证。初步达成了共识,纪要如下:

(1)刘向整理战国文献资料编著的《战国策·齐策》和司马迁
的《史记》等古籍,记载了蹴鞠最早成型于战国时期的齐国一带。
当时的临淄是齐国的首都,这表明公元前 300 余年前,蹴鞠已经
成为齐国的文化娱乐活动之一。这是我国史书对"踏鞠""蹴鞠"
最早的记载。

(2)春秋战国时期的齐国,是春秋五霸之首,战国七雄之一。
战国时的齐都临淄,手工业高度发达,商业繁荣,是全国最大的工
商业都市,甚富而实,民众具备了"蹴鞠"的物质基础。齐国皮革
制造等工商业发达,缝"鞠"(皮制球)具备了技术可能。

(3)《史记·扁鹊仓公列传》记载,西汉时,"安陵阪里公乘"项
处是一位非常痴迷的球迷,因迷恋"蹴鞠",虽患重病仍不遵医嘱
外出蹴鞠,结果不治身亡。这表明直到汉代,临淄一带的民间仍
然盛行蹴鞠。

(4)中国是一个注重文献记述的国家,对中国历史上有着较
大影响的历史现象,都有文献记述,对蹴鞠的记述也不例外。从
最早的《战国策·齐策》《史记·苏秦列传》对临淄地区战国时期
踏鞠的描述,到《史记·扁鹊仓公列传》对临淄地区西汉时期蹴鞠
的记载,到南北朝时期的南朝人吴均《边城将》一诗中"临淄重蹴
鞠,曲城好击刺"(清人王士帧辑《古诗笺》五言诗卷),再到清末
徐坷《清稗类钞·技勇类》所记:"丘尊谦,徐州沛县人……尝为
先锋,驰驱齐鲁……所至,辄召诸少年箕踞而饮,蹴鞠为乐……"
直到清代末年的《聊斋志异》,不同时代的文献和文学作品对临
淄一带盛行的蹴鞠活动的演进过程的记述没有间断,这在其他
地区是没有的。基于上述论证,根据现有的文献史料和考古发
现,与会者认为:中国古代蹴鞠(足球)起源于春秋战国时期的齐
都临淄。

(二)中国现代足球运动的发展

1.1949—1960 年

1949 年新中国成立以后,在党和政府的关怀和指导下,经过广大足球工作者共同努力,足球运动得到了迅速的发展。

1951 年,新中国在天津举办了首次全国性足球比赛,即全国足球比赛大会。各大行政区、解放军和铁路等 8 单位参加了本次比赛。为培养骨干力量,发展足球事业,1952 年国家体委成立了中央体训班(国家队)。1953 年全国性青年足球锦标赛大会首次在上海举行。

1954 年,匈牙利国家足球混合队来我国友好访问,分别在北京、上海、武汉与我国 7 支足球队进行了 11 场比赛。我国组织观摩了匈牙利队 3 场分队比赛、3 次训练示范课,同时举办了 3 次技战术讲座和 5 次座谈会,这些足球活动对中国足球界了解世界,把握足球技战术发展趋势和特点,开阔眼界起到了极其重要的作用。同年,国家体委先后共选派 25 名足球运动员赴匈牙利学习,这批运动员回国后对推动我国足球运动水平的提高发挥了重大作用。

1955 年,中国足球协会成立,这有力地推动了全国足球运动的发展,中国足球界有了最高的领导机构。随着社会经济的发展,以及人民生活水平的提高,足球运动在我国广泛地开展起来。同年,国家体委邀请苏联足球专家施科夫来华讲学,施科夫与北京体育学院李鹤鼎教授一起主持了全国首届足球研究生班,为中国培养了一批优秀的足球运动理论研究人员和高水平的专业师资。

1956 年,《中华人民共和国竞赛制度暂行规定》《青少年业余体育学校章程》《运动员、裁判员等级制度条例(草案)》等制度先后出台。全国足球甲、乙级联赛、全国足球锦标赛也开始实施和举办。北京、天津、上海、广州等地还相继建立了青少年业余体校足球班。

1957 年,国家体委召开了全国足球训练工作会议,总结和研究新中国成立以来足球运动的发展情况、训练工作经验,以及存在的问题,提出了"积极、主动、快速、灵活"的指导思想。全国少年足球锦标赛也在 1957 年开始举办。

1958 年,北京队和八一队分别战平第 16 届奥运会冠军苏联队。1959 年和 1960 年,中国国家队先后赢得中、苏、匈三国对抗赛亚军和中、朝、越、蒙四国赛冠军。

这一时期,虽然中国足球运动起点低,但总体发展势头较好。

2. 1961—1965 年

新中国的三年困难时期,体育经费缩减,多数球队中断了训练和竞赛,足球运动水平明显下降。

1964 年 2 月,国家体委、全国总工会、共青团中央、教育部联合召开了全国足球训练工作会议,系统地总结了新中国成立 14 年以来的足球运动发展状况,颁发了《关于大力开展足球运动,迅速提高技术水平的决定》(以下简称《决定》)。《决定》针对我国足球竞技水平下降的现状提出以下四项措施:广泛开展群众性足球运动,加强青少年的训练工作;加强专业足球队的思想政治工作和训练工作;改进全国足球竞赛制度;加强对足球运动的领导。同时,全国足球训练工作会议确立了北京、天津、上海、南京、广州、武汉、沈阳、旅大、延边、梅县 10 个足球重点城市和地区。另外,这一时期,针对我国足球"作风软、体力不足、射门差"的问题,足球界提出了"三从一大"(从难、从严、从实战需要出发,进行大运动量训练)的原则,树立"三不怕,五过硬"(不怕苦、不怕累、不怕伤,基本功过硬、身体素质过硬、训练作风过硬、比赛拼抢精神过硬、战术配合过硬)作风。同时确立了"勇、快、巧、准"的技术风格。

3. 1966—1976 年

"十年动乱"期间,我国的足球运动受到严重破坏,新中国成立以来建立的足球运动基础遭受重创。

4.1977—1991 年

1976 年拨乱反正后,国内政治局面趋于稳定,经济状况逐渐好转,足球运动重新起步。

1977 年和 1978 年北京成功举办了国际足球邀请赛,与国际的足球交往日益频繁。

1979 年,国务院批准下发《关于提高我国足球技术水平若干措施的请示》,提出加强科研工作;普及青少年足球运动;抓好足球重点地区;组建国家青年队;加强国际交流等九大措施。

1980 年,国际足联执委会恢复了我国的合法席位。

1986 年,国家体委成立足球办公室,将训练、竞赛、科研、外事、国家队等业务工作进行统一管理。

1990 年国家体委颁发了《关于中国足协实体化的通知》,我国足球运动由国家体委行政部门行使的职能逐步过渡到中国足协管理。在此期间,我国成功举办了首届国际足联 16 岁以下柯达杯世界锦标赛和第 11 届亚运会,先后参加了世界杯、奥运会、亚运会和亚洲杯等重大比赛,极大地丰富了我国足球队的参赛经验。

5.1992 年至今

1992 年,国奥队在第 25 届奥运会足球预选赛亚洲区决赛中失利,引起全国震动,人们要求足球改革的呼声越来越高。

1992 年,被誉为中国足球史上"新里程碑"的红山口足球工作会议召开,会议明确了改革体制、转换机制、整顿队伍三大主要任务,提出我国足球的职业化道路和俱乐部体制,使中国足球融入世界足球的发展潮流中,实现了足球体制改革的历史性转折。

1993 年,足球工作会议进一步提出了今后我国足球界的主要任务是继续"深化改革,深入整顿"。

1994 年,中国足球职业联赛全面启动,经过 10 年的职业化探索,以竞赛市场为龙头的市场体系初步形成;以市场为特征的资源配置、管理体系,法规、制度体系基本建立起来。

2002 年,世界著名教练员米卢蒂诺维奇带领中国足球队首次打入世界杯决赛阶段,实现了国人 40 多年的梦想,中国的足球运动实现了迈向世界杯赛的第一步。

2012 年中超各俱乐部加大投入、豪购世界顶级外援。例如,上海申花天价签下法国球星阿内尔卡,震动了整个中超乃至世界足坛。随后,广州恒大重金签下德甲冠军队员巴里奥斯和意大利金牌教头"银狐"里皮。德罗巴、加图索等球员也先后与中超联系到一起,中超联赛在国际足坛转会市场引起了巨大的轰动。大牌球员和教练纷纷来投,自然就会引发"名牌效应"。但从长远来看,中国足协必须制订长期发展的规划,俱乐部也要在制度、管理、配置等方面上多下功夫,中国足球才能切实走上良性发展之路。①

三、现代足球规则的诞生与演变

(一)现代足球规则的诞生

1.剑桥规则

1841 年,英格兰伊顿公学第一次出现了 11 人制足球比赛。这是因为当时学校的每套宿舍住 10 名学生和一位舍监,相当于现在的辅导员。课后闲余,宿舍间经常进行足球赛,辅导员因体力的原因便充当了把守球门的角色。最终形成了 11 人对 11 人的赛制,现代 11 人制足球由此而来、发展至今。

1848 年,在剑桥,来自 5 所不同中学的前公学学生就一套规则达成了一致。这套规则被人们称为《剑桥规则》。学生们就可以在一起按规则踢球了。后来,像这样的讨论和修订踢球规则的集会有多次。在参与集会的众多学生当中,原伊顿公学的学生查尔斯·思林后来成为伊顿公学的舍监,并于 1862 年出版了第一本有关足球规则体系的著作。他写作此书的目的是让他所在学

---

① 王龙.篮排足球类运动技战术研究[M].长春:吉林大学出版社,2012.

校的球员去遵守这些规则。他把书命名为《最简单的游戏》，所罗列的规则共 10 条，250 个单词。这十条规则的大意是：

第一条是关于射门的。"进球意味着迫使足球进入球门，穿过横木底部，手使然除外。"

第二条说"停球和将球置于脚前场地上时方可使用手"。大意为：不能拿着球跑，但可以用手处理球。

第三条是最终废除了踢外胫，规定"出脚只能对准球"。

第四条有些含混不清，时至今天仍然很难确定它到底要废止的是什么。它规定"在空中时，球员不能用脚去踢"。到底是指球员在空中还是球在空中呢？如果是后者，或许与用手停球的规则相呼应，然后再用脚去踢。如果是指前者，这可能是一项时下沿用的规则的雏形，即严惩危险的抬脚过高动作。

第五条也是关于暴力问题的。它规定"不允许将对方绊倒或者背后蹬踏"。

第六条是关于球出界问题。它规定"出界的球必须用脚踢回来，不能用手抛进来"。

第七条是关于球门发球问题。

第八条规定，开球时球员应该离球六步远。

第九条是有关越位的问题。它规定不能给前方球员传球。

第十条是反对球场暴力。它规定"一旦球赛中出现死球，对抗就必须立即停止"。

在这 10 条简单的规则当中，没有提及有关球、球门大小、球场面积、球鞋、裁判、每队上场人数，以及比赛时间的问题。但查尔斯·思林的规则还是获得了相关两队的认可，或者说根据什么人发生了什么事的原则，每次他们都能够在某些条款上达成一致。对于违反这些规则的处罚措施无从查起。

查尔斯·思林书中记载的 10 条规则，与 1848 年的《剑桥规则》有何关系，无从考察。1848 年的剑桥规则原文已经失传。目前，我们能找到的是 1856 年的修订版的剑桥规则。它现存于 Shwerbury 学校的图书馆，而修订规则的两个人均毕业于该校。

从剑桥规则到查尔斯·思林的简单规则,标志着足球竞赛规则的产生。这对世界足球运动的进一步开展起到了巨大的推动作用。足球热很快在英国兴起,竞赛频繁进行。足球运动被认为是一种时髦,在欧洲乃至世界迅速普及。

2.十四条足球规则的诞生

1863 年 10 月 26 日,英国 12 家不同的俱乐部共同成立了世界上第一个足球协会。该协会在《剑桥规则》和查尔斯·思林的简单规则的基础上,制定和通过了世界上第一部较为统一的足球竞赛规则。这套规则公布于 1863 年 12 月,共有 14 条。它是现代足球规则的雏形。规则对场地、球门大小、球的规格、球员人数、裁判职责等做了明确的规定。其中最主要的一条是:除守门员以外的参赛队员只能用脚踢,或者用除手以外的身体其他部位触球。规则中废止了绊人、踢外胫等暴力动作。这是现代足球区别于其他形式足球的主要标志之一。

3.国际足联第一部足球规则的诞生

1904 年 5 月 21 日,国际足联诞生,它是世界足球运动的最高权力机构,其宗旨是促进国际足球运动的发展、加强各国足球协会的友好联系。同年,为了足球运动的健康发展和各国间的交流,国际足联通过了第一本全世界通用的足球竞赛规则。对规则的变动,国际足球联合会规定,在年度大会讨论和决定有关规则修改的议案,任何一项规则的修改与变动,必须得到出席理事会年度大会并具有投票权的 3/4 以上的赞成票。实际上没有国际足联的同意,规则不可能有改动。规则变动的前提是国际足联及英国四个协会中的一半同意才可以。这一制度保证了规则的延续性和稳定性,同时也保证了足球运动的健康持续发展。

(二)现代足球竞赛规则的演变

自 1848 年《剑桥规则》、1862 年《简单规则》、1863 年《足球规则十四条》,至今历经 150 多年的演变与发展,成为现今的 17 章近 300 条款。我们发现,足球竞赛规则的宗旨始终没有改变,即公平对等、促进足球技战术发展、具有观赏性和保障运动员安全。许多条款的增加只是使足球竞赛规则更加完善和精准。

随着足球运动的发展,裁判职责的充实,点球、任意球、越位球及黄、红牌的引入、替补队员的数目等补充规定,进一步完善了现代足球的比赛规则。现代足球运动的发展使竞赛的技战术水平逐步提高;而技战术水平的提高又不断地对竞赛场地提出新的改进要求。在过去的100多年中,尤其是前50多年,足球比赛场地几经修改,演变成目前的状况。

足球竞赛规则的演变过程大致如下:

在1863年英格兰足协成立之前,足球赛在英格兰常常是在两个邻近村庄之间的空地上进行的。场地无固定大小,也不设球门,两村各为竞赛一方,以将球踢进或扔进对方村里为胜者。参赛人数不限,又无具体规则限制,因此比赛气氛热烈,当然也难免发生难以调解的纠纷。到1863年,比赛场地需选择在平坦的空地,四角各插一根旗竿表示界限,两端各立两根柱子作为门柱,尽管场地四周未画线,但四根旗竿已经表示出长200码(180米),宽100码(90米)的球场的最大范围。

1866年,英格兰足协对球门的宽度和高度进行了具体规定:两门柱间距为8码(7.32米),高为8英尺(2.44米),上端用一布带缚连。从这时起,进球必须不能超过布带高度。

1875年,场地的长和宽规定的最小限度为100码(90米)和50码(45米),仍以四角插上的旗竿标志为范围。球门立柱上端的布带也可用一根横木代替。

1883年,场地范围用宽线明确划出,球门上部必须用一条横木作为横梁,但无明确规定其宽、厚度;比赛用球的规格也规定为圆周不大于28英寸(0.71米),或小于27英寸(0.68米)。

1888年,规定国际比赛用球重量为13~15盎司。

1891年,场内开始划分区域。以球门两立柱为圆心,6码(5.50米)为半径,各向场内画一半弧。两半弧的一端在球门前相交,另一端则各与左右两侧端线相接,构成球门区;在距两端线12

码(11 米)各画平行等长实线,并与两边线相接;在距两端线 18 码(16.50 米)处再画一条平行等长虚线,亦与两边线相接;在球场中心是以 10 码(9.15 米)为半径画一圆圈作为中圈。

1894 年,具体规定了球门两立柱的最大宽度和架在立柱上的横木的最大厚度为 5 英寸(0.12 米)。1896 年,规定插在球场四角的旗竿高度不得低于 5 英尺(1.50 米),球门应是两根相距 8 码(7.32 米)并垂直于地面的立柱,上架横木,安装在端线上,它们都与两边的角旗等距离。

1897 年,明确规定参加比赛双方各 11 人。并重新规定比赛场地长度和宽度的最大和最小范围,长度的范围是 120 码(110 米)至 110 码(100 米),宽度为 80 码(75 米)至 70 码(64 米),规定边线与端线应成直角相交。

1901 年,球门端线前 18 码(16.50 米)处的虚线改为并列两条正对球门柱的短线,以便裁判员注视"点球"的判罚。又据《FIA手册》记载:在球门前设有两个相交的半圆弧线,而 18 码(16.50 米)处的两短线改为虚线。而在场中的圆圈两侧(不贯穿圆圈)有一条中场线。

1902 年,场内各线改变较大。在距两球门立柱左右两侧 6 码(5.50 米)的端线上,向场内各画一条垂直于端线,长 6 码的线,再将两端点连接起来,构成球门区;在距两球门立柱左右两侧 18 码(16.50 米)的端线上,向场内各画一条垂直于端线长 18 码(16.50 米)的线,再将两端联结起来,形成罚球区,取消了距端线 12 码(11 米)的横线,而改为距球门中心点 12 码(11 米)的点为罚球点,中场线为贯穿中场的圆圈。

1905 年,明确规定比赛用球必须是皮制品,所采用的制球原料应以不对球员造成伤害为准。

1923 年,除参赛双方不得超过 11 人外,还明确规定两队都有替补队员,并必须在赛前排定,临场不得改动。替补队员在一般情况下不能上场,只有在本队队员受伤,由裁判员确认不能继续比赛时,方能被允许上场。

1937年,在球门区的18码线上增加了一个半圆弧,这个弧是以12码(11米)罚球点为圆心,以10码(9.15米)为半径。此外,比赛用球的重量由13~15盎司增加到14~16盎司(397~454克)。

1939年,规定场内各线的宽度不超过0.12米;球门立柱上方横梁可有较小的棱角;在场地四角,以边线和端线的交点为圆心,以1码(约1米)半径,画一1/4圆弧,形成角球区。之后,这种逐步演变的场地规格一直沿用至今天。

具有历史性意义的《足球规则十四条》,使足球游戏向足球比赛迈出了实质性的一步。在近一个多世纪的时间里没有过多的修改,只是随着比赛中出现的一些争议和偶发事件产生了一些沿用至今的变革。

近一个半世纪的足球规则变化主要体现在以下几个方面:

(1)关于裁判员。最初没有裁判员,有争议双方协商解决。这样很麻烦,会使比赛经常停顿。后来出现了一名仲裁,但因不能照顾到所有的区域就又增加了一名,其后的问题是两人意见不统一时会产生争执。1880年又增加了一名,他解决另两个仲裁人的争端。1891年,一名仲裁进入场地管理比赛,另两名在同一条边线上手持小旗巡视,主要负责球出界的协助,即现在我们看到的裁判员、助理裁判员。助理裁判员也曾称巡边员。

(2)关于裁判员的哨子。1875年,英国举行一场比赛,担任仲裁的是一位警官,当时双方发生争执球场混乱,这位仲裁员急中生智掏出警笛用力一吹,顿时全场鸦雀无声。此后,在1891年规则中规定仲裁员均吹哨执法。

(3)关于球门网。19世纪末,英国举行的一场比赛,因大雾为球是否进门而争执不休,此时观众席上跑下一位渔具厂老板——鲍尔吉,怀抱一个渔网,建议挂在球门后。不久,英国足协正式批准挂球门网,这位渔具厂老板随之接到很多球队的订单发了大财。

(4)关于队员的球衣号码:20世纪40年代中后期,为保证比赛的公平,阿根廷足协从英国聘请裁判员执法,但英籍裁判员经常将队员搞错。因此,为了让英籍裁判员便于分辨球员,想出了在球员球衣上用号码来区分的办法,从 1949 年阿根廷甲级联赛第九轮开始,规定上场比赛的球员必须穿带有号码的球衣。此后,世界各国纷纷效仿。

我国自 1954 年出版第一本《足球竞赛裁判法》以来,至今共翻译出版了近 20 种不同年度国际足联的《足球竞赛规则》。

随着足球运动的发展,20 世纪 70 年代中期开始,足球竞赛规则的修订逐渐频繁。此前,虽有改动大多是对场地器材及比赛用球等方面规定的增补与完善。

1970 年,规则中出现有关红黄牌的使用要求,标志着对足球赛场的严格管理。同年,在墨西哥举行的第九届世界杯上首次使用红黄牌,第一张黄牌得主是苏联的洛普契夫,整个决赛期间的比赛不曾有人被罚出场。

1974 年,在联邦德国的第 10 届世界杯上,智利对西德的比赛中,土耳其的裁判员巴巴坎向智利球员卡斯泽利发放了世界杯史上的第一张红牌。

1981 年以后,对于守门员四步违例、两次触球、不得用手触及同队队员故意回传球、掷界外球及 6 秒的限制等一系列修订,也都体现了使比赛紧凑、顺利、流畅、更加精彩激烈和具有观赏性的规则用意。另外,1981 年还将裁判员鸣笛开始比赛时开始行使职权改为裁判员自进入比赛场地时即开始行使其职权。

1983 年,竞赛规则中增加巡边员提示换人旗示。比赛日趋激烈,裁判员需要更多方面的协助。

1992 年,将沿用多年的候补裁判员、场下裁判员、预备裁判员定名为替补裁判员;同年关于试图欺骗裁判员的佯装行为及危及对方安全的背后抢截条款的增补,更加突出和完善了规则公平对等、保护运动员安全的精神实质。"佯装"及背后犯规,严重违背公平竞争原则,必须严打,坚决给予警告或罚出场;罚令出场的犯规中增补破坏对方得分机会一条,强调保护攻方利益,为严惩出于战术企图的犯规行为提供了明确依据。

1995 年,规则中出现"技术区域",对教练员的场外指导有了明确规定与限制。

1996 年,将替补裁判员改称第四裁判员。

1997 年,将未经裁判员同意中场休息不得超过 5 分钟改为非经裁判员同意不得超过 15 分钟;将巡边员改称助理裁判员。

1998 年,将比赛开始前双方队长猜币或胜者有权选择场区或开球,改为猜中一方选择场区;将中圈开球时,球需滚动至与球的圆周相等的距离方为比赛开始,改为球被踢并向前移动即为比赛开始,同时将开球不得直接射门得分改为可直接射门得分;将球门球不可直接射门得分改为可以直接射入对方球门得分。

1999 年,将第四裁判员改称第四官员。

2005 年,将球点球决胜时,猜币或胜队先踢球点球改为有权决定是否先踢球点球;将罚球点球时攻守双方违例后恢复比赛的方式做了修改,体现了加大处罚力度、限制球员违例犯规的目的。

2006 年,对运动员的着装做了更明确的规定。运动员必需的基本装备"必须包含以下几个相互分离的部分":运动上衣、短裤(如穿紧身内裤,必须与短裤的主色同一颜色)、护袜、护腿板、足球鞋。原因:加入"几个相互分离的部分"以保证基本装备各部分相互分离,以禁止运动上衣和短裤以任何形式相连。而且还扩大了黄牌警告的内容:凡有非体育行为;以语言或行为表示异议;延误比赛重新开始等。

2013 年 6 月,第 127 届国际足球协会理事会(IFAB)年度大会在苏格兰爱丁堡举行。会议通过了关于足球竞赛规则的修改以及有关说明和指南信息,详情如下:"干扰对方"是指队员通过明显的阻挡对方视线,或与对方争抢球,以阻止对方触球或可能的触球。"在越位位置获得利益"是指,处于越位位置的队员接得:从球门立柱或横梁弹回的球,或从对方队员身上弹回或变向的球;从对方队员有意识防守救球而弹回或变向的球;处于越位位置队员,接得对方队员故意传出的球(有意识救球情况除外),

不能认为是获得利益。原因：当前的措辞引起了很多讨论，并有很大的可解释空间，且不够准确。新的用词与比赛实际情况更加吻合，并能消除关于球"弹回、变向和当被有意识救球情况"时的混乱释义。

第二节 足球运动的主要特点

一、整体性——注重团队合作

足球运动是一项非常注重整体意识的运动项目，即集体性非常强。在足球运动中，任何一个人都不能脱离整体（队伍）单独行动。这也就是说，即使每个运动员的技术、战术水平再高，如果他们都不重视整体参与，那么势必会造成整个进攻与防守的失误，进而导致竞赛失败。

在足球运动中，整体性可以总结为一句话："足球并不是 1 个人能够踢好的，而是靠 11 个人的共同努力才能踢好。"要理解这句话，我们可以从足球运动的阵型配置来分析。

在足球竞赛正式开始前，教练员就会提前告诉运动员，这次竞赛将要使用何种阵型，是 442、532、352，还是 451（图 1-1）。可以看出，无论哪个阵型，除去固定位置的守门员，都是以足球场上所有上场球员的数量来设置的。

当然，足球真正的整体性，是在足球滚动起来之后才能体现出来。每个运动员是传球还是带球，是回传还是射门都与整个队伍的进攻与防守密切相关。例如，整体性攻防战术的实质是运动员在竞赛攻防当中表现出来的严密的组织性和战术贯彻的一致性,其中,攻防人力调配的科学性是其基础。①

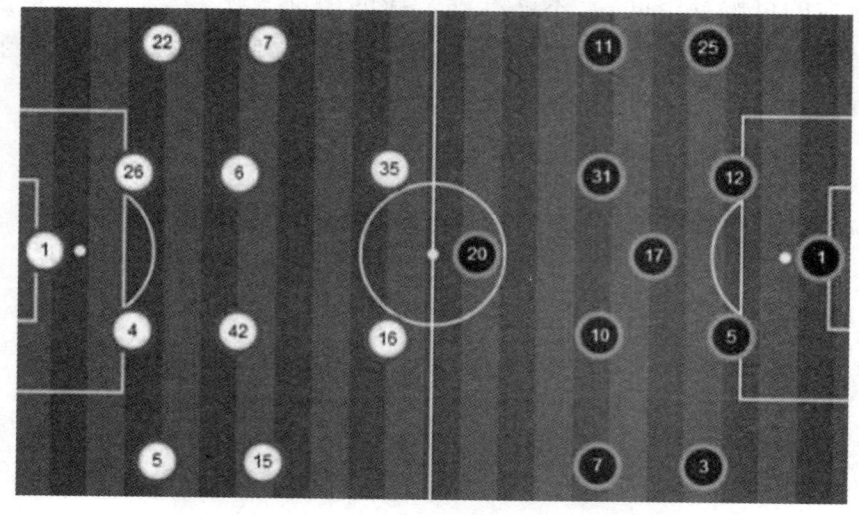

图 1-1　足球竞赛阵型

整体性是一支足球队的生命！为了充分发挥整体的技术、战术作用,合理组织战术配合,所有运动员在足球场上都必须通力合作,积极进行防守与进攻,努力把个人技术、战术的发挥融入整个队伍的协同作用之中。只有这样,球队才有凝固力,才无坚不摧。

二、对抗性——竞争激烈、火爆

足球运动是一项竞争激烈的对抗性体育项目。在足球竞赛中,对阵双方为争夺球的控制权,在场上你拼我抢,努力将球攻进对方球门,而又不让球进入本方球门。在两个罚球区附近,对阵双方的争夺更是异常凶猛,扣人心弦。

另外,足球竞赛过程中的对阵双方攻守转换快,从地面到空中的立体角逐始终贯穿着进攻与防守、限制与反限制、制约与反制约的激烈对抗。对阵双方在技术、战术、身体和心理的综合抗

---

①　高原,于泉海,鄢润国.足球[M].北京:北京体育大学出版社,2014.

衡中尽显足球运动的对抗性。高水平足球竞赛,紧张、激烈、精彩,战局跌宕起伏,变化莫测,胜负难以预料,因而引人入胜。

三、快速性——节奏快、变化快

一场足球竞赛,势必是对战双方一场下来始终在斗智斗勇、你拼我抢,让人看得酣畅淋漓。之所以让人有这样的感受,就是因为足球运动具有快速性的特点。

从整体方面来说,"快速"意味着对阵双方攻防的节奏快。这也就是说,对阵双方都想用最短的时间射进更多的球,即赢得最大的分数。竞赛中,哪一方攻防的节奏快、变化快,哪一方就会很容易占据场上的优势。

从个人方面来说,"快速"意味着运动员在运动中的反应思维敏捷,且个人攻防技术的动作速度快。只有这样,个人在场上拼抢时才会占据优势压制对方。在足球竞赛时,个人有了速度就可以在第一瞬间产生爆发力、弹跳力、加速度;有了速度就可以在第一瞬间加速、变速,做出一系列的高难动作,发挥出淋漓尽致的技术水平。

无论是整体方面,还是个人方面,足球运动发展到今天始终在朝着高速度、强对抗的方向发展,赛场上给予运动员完成各项技术、战术动作的时间越来越短,空间越来越小。因此,要想真正适应现代足球竞赛中的快速攻守,最重要的因素就是速度。如果缺乏速度,个人即使拥有多么高超的技术、战术都难有"用武之地"。例如,同伴需要你前传、向前插、向前的接应,若你无法第一时间做出正确反应与做出正确的动作,那么配合就无法成功。

就目前来看,世界上任何一个好的足球队都把速度放到第一位。例如,巴西足球队在训练运动员时,非常注重个人技术与个人速度的结合,无论是带球、传球、射门,每个运动员都要行云流水般的流畅。个人速度的提高促进整体速度的提高,这也是我们观看巴西足球队竞赛的时候对巴西队有"风驰电掣"感受的原因。

再如德国足球队。德国足球队的运动员能够把速度揉进了个人各项技术当中,把每一个动作变得更加简单、快捷,在高速运行中,把各项技术发挥到淋漓尽致。

总之,足球运动的第一要素就是速度。虽然每个运动员在场上的位置不同、担任的责任不同,但速度都是他们必须拥有的。因此,无论是个人的还是整体的快速性,都是足球竞赛的一部分。

四、意识性——自觉的心理活动

根据心理学的基本观点,人的意识是"客观现实在人脑中的反映,是心理活动的高级形式,是自觉的心理活动"。而在足球运动中,"意识"就是足球技术、战术手段在运动员头脑中的反映,是运动员在进行技术活动时自觉的心理活动。

具体来说,在足球运动过程中,每个运动员在完成技术动作或战术行动时,都受个人意识的支配,若意识能力弱,运动者就无法发挥出正常的技术、战术水平。

运动员个人技术、战术与自我意识的结合是一项艰巨的工程,它不仅要求运动员具备扎实的技术、战术基础和熟练的运用能力,还要求他们精通足球竞赛的规则,熟悉同伴与对手的球路和习惯,并能在竞赛瞬息万变的复杂形势中迅速做出正确的反应和行动。

这里,我们以运动员的技术意识与战术意识为研究对象,简明扼要地分析一下足球运动的意识性特点。在足球竞赛中,运动员每一项技术、战术的运用,无一不受他们意识的支配,从而演变出两个词汇——"技术意识"与"战术意识"。

"技术意识"与"战术意识"是足球运动员的灵魂,它支配着他们足球技术、战术的正确运用,同时还影响着他们技术、战术水平的正常发挥。

以技术意识为例,技术是与意识相联系,并为意识所支配的。按照心理学的基本观点,人的意识既经产生,就能指导人的行动,并反作用于实践,促进实践活动的发展。在足球竞赛中,运动员任何一个技术动作都是有目的的、有意识的行动,并且每一个技术动作都是在第一信号系统和第二信号系统相互作用的基础上,在第二信号系统的控制下完成的,尤其是在技术动作的形成过程中,需要有意识地对所学的技术动作形成清晰的表象和正确的概念,同时还应分析技术动作的优劣,以完善技术动作,而这一切都是与人的意识分不开的。

再以战术意识为例。在足球竞赛中,运动员根据场上复杂变化的情况,灵活地按照自己的战术目的去完善动作。任何一种战术动作的使用都有一定的目的。在足球竞赛复杂多变,对抗激烈的条件下,运动员正确选择和合理运用各种战术能力的综合表现为足球战术意识。

总之,运动员意识的培养与提高在足球运动中占有非常重要的地位,并对运动员个人足球技术、战术水平的发展与提高起着巨大的促进作用。教练员应强调加强对运动员意识的培养,不断提高运动员的意识水平。只有这样,运动员才能在足球竞赛中充分发挥自己的技术、战术,提高竞赛胜利的概率。

五、意志性——坚强、沉着、不服输

众所周知,足球竞赛时间长、运动场地大、参加人数多、对抗性强、技术、战术复杂……这一切无疑会给运动员造成很大的身体损伤与心理压力。近年来,随着现代足球的发展,目前的足球竞赛的节奏更加紧张、激烈,场上情况更加瞬息万变,拼抢争夺更加凶猛,双方始终处于高强度对抗中,这既对运动员的身体能力提出越来越高的要求,又对保证技术、战术和身体素质正常发挥的意志品质提出了更高的要求。

现代足球的一系列特点要求运动员必须树立必胜的信念,意志要坚定,行动要果断,无论打顺风球,还是逆风球,都要胜不骄,败不馁,沉着冷静,化压力为动力,化被动为主动,控制局势,争取竞赛的主动权,为达到一定的目的遇到危险时,毫不畏惧而坚决行动。

六、大众性——易开展,群众基础好

自足球运动诞生之日起,就在世界各国生根发芽,已经成为世界各国人们广为喜爱的一项体育运动。除了举行正式的足球竞赛,人们更加倾向于将足球运动作为一项锻炼身心的休闲运动。无论少年儿童、青年、中年人和老年人都喜欢在闲暇之余踢踢球,活动活动筋骨。

足球运动规则简单,器材设备要求也不高,易于开展。一般的足球运动对场地和器材没有严格要求,只要有一块场地和一个足球即可进行。场地根据参加活动的人数可大可小。球门可用砖、石、衣物等代替。在活动方式上,单人或两三人可进行颠球、耍球、传接球或练习各种基本技术;人数稍多可进行小型竞赛,3对3、4对4、5对5。在时间上,人们可利用余暇时间随时开展,是一项十分易于开展的体育运动项目。

第三节　足球运动的锻炼价值

一、健身价值

健身价值是足球运动最基本、最直接的锻炼价值,是决定足球运动的其他价值的基础。足球运动的基本活动方式是通过身体运动来完成的。人在进行身体运动时,机能和器官受到影响,并产生适应性变化。适宜的、良性的足球运动使人体器官和身体机能产生良好的适应性变化,从而提高人的身体健康水平和适应能力。足球运动的形式多样,可使人体进行全面的活动,因此对人体可产生较为全面的影响。由此可见,强身健体是足球运动作用于人体所产生的最直接的价值。活动者通过参与足球运动活动而对自己的身体进行改造。

具体而言,足球运动的健身价值可以从以下几个方面体现。

（一）促进人体生长

足球运动能够促进人体新陈代谢,加速细胞的繁殖,引起细胞间质的增加,从而使人体的器官、系统结构产生适应性变化和机能的改善。

1.促进人体骨骼生长

骨骼是人体的支架,其生长发育不仅对人体形态有重要影响,而且对内脏器官的发育、对人的劳动能力和运动能力都有直接影响。经常进行足球运动,能够刺激运动者骺软骨的增长,从而促进运动者骨的生长。

据研究表明,经常从事足球运动的青少年比一般青少年身高增长要快。同时,经常参加足球运动,还可以促使运动者的骨骼变粗,骨密质增厚,骨骺抗弯、抗折、抗压的能力增强。[①]

2.改善人体肌肉生长

经常进行足球运动,可以改善肌肉的血液供应情况,增加肌肉内的营养物质,特别是蛋白质的含量,使肌纤维变粗,工作能力增强。一般人肌肉重量只占体重的40%,而运动员肌肉重量可占体重的45%～50%。同时运动还可以促使肌肉有更多的能量储备,以适应运动和劳动的需要,适应提高运动能力的需要。

（二）改善人体内脏器官

经常进行足球运动可使人体能量消耗增加,新陈代谢旺盛,血液循环加速,从而使血液循环系统、呼吸系统、消化系统以及其他系统的机能都得到改善,使人体内脏器官在构造上发生良性变

---

① 姚亚兵.足球运动对青少年的影响[J].读书文摘,2015(12).

化,机能能力提高。经常进行足球运动,人体的心肌会增厚,心脏容积也会增大,心脏的每搏输出量会增加,而心搏频率减慢,出现"节省化"现象。另外,经常进行足球运动,人体肺活量也会得到显著增加,呼吸频率减慢而深度加大。

（三)提高人体协调能力

在足球运动中,运动员需要做出很多动作,如跑动、跳跃、踢腿、摆臂,另外还有些非常态动作,如倒挂金钩、凌空抽射等,这些动作都需要运动员具有良好的动作协调能力。

（四)促进人的心理健康

足球运动能使人心情舒畅,精神愉快,调节人的不健康情绪和心理,如精神颓废、意志消沉、情绪沮丧等。进入新时期以来,人们生活、学习、工作的压力日益加大,越来越多的人患上了心理疾病。若这些心理疾病得不到及时、有效的治疗,患病者很有可能出现更大的伤病。而足球运动作为一项对抗性强、体能消耗大的体育运动,能够有效排解人的心理压力,纠正人的不良心理。同时,足球运动讲究团队协作,讲究服从足球规则,因此经常进行足球运动还能够提高人的交际能力,培养人的奉献精神与规则意识。

二、娱乐价值

近年来,随着人们生活水平的日益提高,人们的娱乐方式也越来越丰富。就目前来看,旅游、上网、体育健身等已经成为人们休闲娱乐的主要途径,而足球运动作为体育健身中一项非常容易开展的运动,其娱乐价值逐渐被大众所认可。

（一)足球运动的娱乐价值

足球运动具有较强的娱乐价值,其原因如下:

一方面,足球运动与人的自然属性紧密地联系在一起。人具有好动的天性,足球运动正好满足了人们这方面的需求。

另一方面,足球运动又与人的社会属性密切相关。毫无疑问,人们通过足球运动不仅满足了自身进行运动的本能需求,在这种身体运动中获得使人愉悦的快感,而且又能使自身在这种运动中与其他人愉快地交往,并在其中尝试团队合作的乐趣,品味胜利的果实。

从以上两个原因来讲,足球运动之所以能够得到世界各国人民的喜爱与认可,其关键就在于它具有娱乐作用。可以说,足球运动的娱乐价值就是它可以满足每一个运动者的生理需求与心理需求。

(二)足球娱乐的价值表现

人类从古代起就没有停止过对愉快生活的追求,总是通过各种方式来抒发自己的情感,娱乐自己的身心,解除生活中的烦恼和忧愁。从原始社会的舞蹈,到现代社会日益兴起的休闲娱乐运动,都是人们为满足自己精神愉快的积极生活方式。而对于足球运动来说,其娱乐价值主要表现在:

1. 使人获得轻松愉快的感觉

进入新时期以来,随着人类对自然界的认识和开发的不断深化,社会自身结构的日益复杂多样,个人价值和理想的进一步升华,造成了日益激烈的竞争环境。随着科学技术进步的速度越来越快,人们生活节奏也会随之加快。在这种情况下,足球运动得到社会各阶层人们的青睐。就目前来说,足球运动已经成为一种综合体育竞技、娱乐休闲、旅游观光、运动音乐相结合的一种体育运动。

世界上很多国家对足球运动情有独钟,如巴西、德国、法国、意大利等。在这些国家,足球运动已经与他们的日常生活密不可分。

足球运动中的轻松活泼,有效地缓解了现代生活快节奏给人带来的紧张情绪与各种压力;足球运动中融洽热烈的人际关系,有力地克服现代社会中竞争所带来的陌生感与距离感;足球运动中人们对胜利的渴望,是对人生各种抑郁、失落心境的一种纠正。

2.使人获得运动美的享受

现代足球运动,特别是足球赛事的举办,能够极大陶冶人的情操,使人获得美的享受。在足球竞赛中,运动员在特定的时间和空间条件下,控制身体达到尽善尽美的程度,使自身的健、力、美三者协调地统一起来。足球竞赛中和谐的韵律、鲜明的节奏、完善的配合、艺术般的造型,加上足球场地的精心设计、足球环境的悉心烘托、观众的积极参与,构成了规模宏大的流光溢彩的人文环境,能使观赏者油然产生心灵的快感和健康美的精神享受。

另外,在足球竞赛中,人们也在努力地通过足球服、足球标志、足球吉祥物、足球纪念品等,创造美、塑造美、展示美,体现出现代人崇尚运动美、积极向上的良好心态。

3.使人感受到自我存在的价值

足球运动以人体基本活动能力为基本条件,又以表现个人运动能力的高低强弱为表现形式。对于人类而言,我们始终在根据自身的能力水平进行各种运动,又始终企图超越自身的现有水平而达到新的高度,发展自身的各种能力。在我们与困难、艰辛、挑战进行抗争时,我们总是不断地调动和挖掘自身潜能去面对它、战胜它,这就是超越自我。

在足球运动中,运动员总是试图证明,人的身体能力和运动潜力究竟有多大,还有多少困难可以被人们克服。当运动员通过一系列的训练准备和身体实践活动,并通过足球竞赛确定最后战胜了困难时,就会感受到自身存在和自我实现的价值。这时所带来的成功的喜悦和深层的快乐体验,是一种极为珍贵的精神财富,可使人感悟到人生的哲理。

另外,运动员征服挑战的水平越高,为获得成功所付出的代价越大,所获得的快乐体验也会越深刻、越持久。尽管每次足球竞赛不一定胜利,但运动员每次都愿意为自己设置新的高度,从而使自己感受到个人存在的价值。

(三)足球运动彰显娱乐价值的主要途径

概括而言,足球的娱乐价值是通过参与与观赏两个途径来实现的。

1. 参与

人们通过参加足球运动,会在传球、接球、带球、射门、守门等过程中,在与同伴默契配合中,在与对手斗智拼搏过程中,在获得竞赛胜利后得到一种非常美妙的快感和心理上的满足感。这种满足感可以提高人们的自尊心、自信心与自豪感,满足人们与他人交往、合作的需要。

另外,由于足球运动项目的特点,它能使人们在运动过程中获得各种不同的愉快情绪。例如,后卫防守成功、边锋传球成功、前锋射门成功、守门员守门成功等,都给人们以愉快的情绪。

2. 观赏

一些杰出的足球运动员能够在足球场上有限的时间里,把足球控制到尽善尽美的程度,使健、力、美高度统一起来,加上和谐的韵律、鲜明的节奏、微妙的配合,表现出抒情诗般的、戏剧性的运动造型,使人们在观看足球竞赛时,产生一种犹如欣赏最优美的舞蹈的感觉,是一种美的享受。

正因为足球运动如此富有魅力,因此,在足球场上,常常有一种移情作用,在观众和运动员之间扩散开来,使观众忘却了一切烦恼和不愉快,"净化"观众的感情,它可以使人们由于工作和劳动所带来的紧张的神经、疲劳的脑力和紊乱的情绪得到积极有益的调节,不仅有助于元气的恢复,而且也是一种精神上的享受。

三、社会价值

在现代社会中,足球运动既是一个独立的系统,但又与社会其他方面有着不可分割的联系。作为社会构成的一个重要部分,足球运动不可能脱离社会环境或脱离他与社会系统的相互关联而独自表现其价值。那么,足球运动有何社会价值呢? 概括而言,有以下几点。

(一)调节社会情感

社会感情价值是与人的社会心理稳定性直接有关的。所谓"心理稳定性"是指人的心理与社会相一致,或者叫人的社会心理平衡。

在正常情况下,由于人们受到传统教育和宣传舆论的影响,人们总是会产生和形成与社会相一致的心理。例如,在孤独的情况下,人们的个人需要都是需求同伴的安慰与帮助。这些需要就是人们采取具体行动的原动力,它可以推动人外出、谈话、交往、工作等。但是,有时却由于种种原因,如个人犯了错误、受到责难、遇到挑战等,会导致一些人的心理出现失调。例如,人为了生存需要,有些人努力工作挣钱,而有的人铤而走险违法犯罪。

足球运动有对抗性,对抗结果的不确定性和显示结果的及时性能引起运动员与观众极大的关注,进而引起人们心理上的变化。从心理学角度来讲,人们往往对于那些不可能预知的东西寄予更大的期望。足球竞赛常常是在"反败为胜,力挽狂澜","千钧一发"等震撼人心的情境中,使人们的期望在短时间内得以满足,这种情境使人体验到紧张、痛快、敬佩、自豪,从而调整失去平衡的心理。

当然,足球运动社会感情价值的另一个侧面是它也可能发泄压力、精神紧张等。因此,很多人参加足球运动或观看足球竞赛都是为了发泄内心的压力,使自己的头脑得到放松。

值得一提的是,足球运动的社会感情价值是否发挥得好,与竞赛的组织管理和宣传教育工作有关。例如,每当举世瞩目的足球世界杯竞赛开幕时,世界众多国家的网络媒体与体育电视台就开始密切关注。赛事举办过程与每一轮竞赛结果都会及时地传送给人们。通过足球世界杯竞赛,人们或表现出欣喜若狂,或表现出情绪低落,这一切都源于足球运动对各种不同心态的人都产生了一定的调节作用。

足球运动独具一格的特点,使得它在促进人们的身体健康,培养人们的高尚品格与职业素质方面具有非常大的作用。可以说,在调节人们社会心理平衡方面,足球运动堪称是一种卓有成效的重要手段。

(二)促进社会整合

所谓社会整合,是指社会将无数单个的人组织起来,调整种种矛盾、冲突与对立,以形成合力,维护社会的统一,社会整合亦称社会一体化。社会整合首先是基于人们共同的利益,同时社会各种文化、制度、价值观念和社会规范也对人们的社会行为意识发挥着重要的控制和制约作用。

当前,我国正处于社会转型期。中国的社会转型,实质上是以计划经济向市场经济转型为中心的整个现代化过程,是由传统的农业社会向工业社会转型,也是人们由传统的小农经济生活方式向现代化都市化生活方式的转型。在这一转型过程中,人们的价值观念和行为方式也会随之发生巨大变化。例如,人们利益意识、竞争意识的觉醒;对自我行为价值性、实效性的关注;人们基本价值观念和信念的复杂多变等。在这种情况下,我国迫切需要来自各方面的社会整合力量,以维护和加固社会的稳定,而足球运动(更确切地说是足球事业)是一项能够提供巨大社会整合力量的运动。它在社会整合过程中发挥着巨大的调节作用,主要表现在:

1.有利于提高全国人民的爱国意识,增强民族凝聚力

足球运动能够提高民族凝聚力,是基于它具有较强的社会性。人们通过足球运动本身可以激发出团队精神和祖国意识。例如,在国际足球竞赛中,中国运动员佩戴鲜艳的五星红旗标志,在竞赛结束时的升五星红旗、奏《义勇军进行曲》等仪式,都有力地增强了运动员与观众的爱国意识。中国足球健儿在奥运会和

世界性足球大赛中表现出来的拼搏精神,频频激发了人们的爱国热情和民族自豪感,鼓舞了全国人民战胜困难和奋发向上的勇气。

2.有利于人们营造积极健康的生活方式

健康文明的生活方式,对于社会教化起着积极的作用,有利于社会整合力量的提升,而奢侈化、庸俗化的生活方式,必然造成一个社会整合力的下降。

在新时期,网络信息技术的高速发展把人类带入了一个网络时代。毋庸置疑,网络的确具有非常大的优点,但我们也要看到它给人们带来一些不利影响。例如,网络上的暴力信息、色情信息以及各种破坏民族团结的信息对人们造成困扰;网络中的诈骗、虚假内容、炒作内容对人们造成了名誉伤害等。近两年,我国正在深入开展的全民健身运动,一个重要的目的,是要在大力提高国民素质的基础上,促进健康生活方式的形成,培养积极进取的社会精神,提高整个社会的向心力和整合力。足球运动作为一种易开展的体育运动,是人们开展健身运动的重要内容。

3.有利于我国学校体育教学改革

在我国当前的体育事业发展过程中,足球运动不得不说是一块"短板"。但可喜的是,近年来党和政府着重对学校体育教学进行了改革,提出了校园足球的发展规划,旨在通过学生这些未来人才来实现我国足球运动的大发展。

通过校园足球发展规划,学生能够切实懂得"振兴中华,从我做起""从零开始"等一系列鼓舞人心的警句、格言。我们相信,有了这些学生的艰苦训练,我国的足球运动势必发展壮大。

今天,足球运动正在成为我国学校体育教学中的重要内容,正在成为中华民族体育精神的重要组成部分。努力倡导这种体育精神,对于改善我国学校体育教学的精神面貌,促进我国的足球事业发展有着十分积极的作用。

（三）有利于人的道德和意志品质优化

人的生存与发展，仅仅拥有良好的身体是远远不够的，还必须拥有良好的道德。可以说，身心的健康与和谐对于个体的生存与发展而言是非常重要的。

在足球运动过程中，人不仅通过身体运动使自身机体、器官、机能得到锻炼，使自己更加强健起来，而且还可以懂得遵守规则和要求等，有助于培养人们勇敢顽强的性格、超越自我的品质、迎接挑战的意志和承担风险的能力，使其意志品质、道德观念、集体主义思想等得到优化。同时，经常参加足球运动，有利于培养人们的参与意识和团队精神，培养个人适应集体、小局服从大局的思想品质。另外，足球运动对人意志品质的培养作用尤其明显，这是因为，意志品质的培养，需要同时具备两个极其重要的条件——"明确目的"和"克服困难"，而足球运动则同时具备了上述两个条件。足球运动是一种有目的有意识的运动，运动者在运动过程中要克服许多困难，不断地挑战自我，从而培养了运动者坚强的意志和克服困难的勇气。

1. 敬业奉献

敬业奉献既是一种中华体育精神，同时也是社会主义体育道德的重要内容之一。在足球竞赛中，运动员不仅担负着自己冲击自己身体极限的任务，更是担负着取得竞赛胜利，证明自己价值的任务。这就决定了足球运动不是一般的游戏活动，而是一项具有超人毅力和品格的运动。在足球竞赛中，运动员在尽力发挥自身技术、战术水平的同时，还必须要具有足球敬业精神。尤其是在国际性足球竞赛中，对运动员的敬业要求就更高了。

2. 公平竞争

体育竞赛的特点之一就是按竞赛规则办事，规则面前人人平等。这就要求运动员进行公平竞争，足球竞赛也不例外。在足球竞赛中，无论是己方运动员还是对方运动员，都要遵守竞赛规则，也就是"人人平等"。每个运动员都要树立公平竞争的体育道德，不得弄虚作假。

3. 努力拼搏

进行足球竞赛,很重要的一个目的就是力争取得好成绩。在足球竞赛中,对于一名运动员来讲,最高的事莫过于获得最终竞赛的胜利。奥林匹克运动的格言是:更快、更高、更强。这也是足球运动的一个奋斗目标,它鼓励人人争先,永远进取。[①]

4. 积极参与

积极参与主要是指群众体育、大众体育。随着我国"全民健身"理念的提出,通过体育运动达到健身的目的已经日益大众化,而足球运动更是受到越来越多的人的喜爱。

奥林匹克运动推崇"更快、更高、更强",同时也推崇"积极参与"。这也就是说,体育运动中最重要的不在于胜利而在于参加,正如同生活中最重要的不在于取胜,而在于奋斗。重要的事情不是战胜别人,而是尽力而为。这充分说明了奥林匹克精神中很重要的一个内容就是鼓励进取的同时也鼓励参与。足球运动具有大众性、普遍性,因此它能够培养人们积极参与的意识与决心。

5. 文明礼让

文明礼让也是一种社会公德,把它列为体育道德的一项重要内容,是因为文明礼让在足球竞赛中有特别的重要性。足球竞赛是为了争先,为了拿金牌、夺冠军。因此,竞争激烈成为足球运动的重要特征之一。由于争夺激烈,经常会出现过激的行为和语言。但对手并不是"敌人",不能因为激烈的争夺就拳脚相加,失去礼数。因此,多年来,一直提倡做到"三尊重",即尊重对手、尊重裁判、尊重观众。足球竞赛开始前,双方队员一一握手施礼,就很鲜明地体现了文明礼让。

另外,足球运动中的文明礼让还有一个重要的、不可忽视的方面,那就是观众。近年来,随着足球运动的发展和世界各国足

① 李松璞,张振东,王建智.现代足球运动的育人价值[J].青少年体育,2015(6).

球交往的日益密切,足球竞赛已经受到各国人民的热烈欢迎,加上现代传媒手段日益发达,使更多的人参与到足球运动中来。我国足球职业联赛开展了十几年,每年到现场观看球赛的观众有数百万人,电视观众有几十亿人次。人们对足球运动的这种热情、激情是好的,应当肯定,但其中存在的问题也不可忽视。例如,有的球迷文明道德观念很差,输了球骂,赢了球也骂,稍不如意就扔矿泉水瓶子,砸伤了运动员和观众。还有的人趁火打劫,挑起事端,引起混乱,最终酿成大祸。所以,"文明礼让"对于观众而言至关重要。

6.胜不骄、败不馁

进行足球运动,参加足球竞赛总是有胜有败,"常胜将军"是没有的,但不能一打败仗就泄气,打退堂鼓。这也就是说,进行足球运动,必须要过的一关就是胜负关,"胜不骄,败不馁"是很重要的一句话,它集中表明了一个足球运动员的思想境界和道德修养。

(四)对个体社会化有积极影响

所谓个体社会化,是指一个人学习他所属的社会中的人们必须掌握的生活技能、行为规范和价值体系,以取得社会生活适应性的过程,即指由生物人变成社会人的过程。通俗来说,任何一个社会要想延续下去,就必须努力将其文化传递给下一代,用统一的规范来约束和指导每个人的行为。而足球运动在人的社会化过程中有着非常重要的作用。无论是作为内容还是作为手段,足球运动都是不可缺少的。

下面从几个方面概述足球运动在促进个体社会化中的作用。

1.教导基本生活技能

人是本能比较缺乏的动物,刚出生的人生理上几乎完全不能自理,适应环境的能力很差,连最简单的坐、立、走都不会(许多动物一出生就会走),因此,人的基本技能都是靠后天学习获得的。而足球运动是人们获得基本活动技能的重要途径。例如,个体可以通过足球运动进一步提高自身的身体活动能力,有助于自己掌握更多的基本技能(包括基本生活技能和劳动技能)。

2.教导社会规范,发展人际关系

社会为了维护自己的存在和发展,有着管理自己社会成员的行为和指导成员工作的章程,以作为理想的活动准则或社会规范。社会通过各种媒介,教导个体遵守社会规范,目的在于促进个体对社会的义务感、责任感,培养个体未来的社会角色所必须具备的条件。而足球运动本身是一个有章可循的、有一定约束力的社会活动,又是在一定的执法人——裁判员或教师、教练员的直接教育、监督下有组织进行的,这是对培养个体遵守社会生活准则的一个强化。

再者,足球运动是一个社会互动的场所。在足球竞赛中,人们聚集在一起,参观者之间互相交往交谈,竞赛者在个人之间、集体之间的交互作用更为频繁,会不时地对参加者提出思想品德方面的严峻考验,如当比分落后时,是坚持下去还是半途放弃;对方犯规碰撞自己时,是毫不计较,还是以暴制暴;裁判误判时,是大方宽容,还是斤斤计较;集体配合不够默契竞赛失利时,是相互鼓励还是相互抱怨……所有这些都是自我教育或接受教育的良好契机,是使个体在社会实践中,学会处理人际关系、养成遵守社会规范的一种强化。

3.传授文化科学知识

社会在向个体传授人类文化遗产时,有关身体健康和运动知识是很重要的一部分。事实上,只要人们稍加注意就会发现,不论在学习、工作,还是娱乐中,运动促进人的社会化的活动无所不在、无时不有。通过足球运动,人们认识了各国足球名人、各国足球文化、各国足球城市……这些都是个人在社会化过程中所需要的知识。

四、政治价值

在足球运动中,的确有一些要素具有非阶级性的特点,如足球运动技术、足球竞赛规则、足球场地与设施等。但是,足球运动中的观念形态,如足球运动方针、制度、目的、政策等,却具有鲜明的阶级性。在阶级社会里,它们必然会为一定的阶级和社会集团服务,体现出较为鲜明的政治价值。

足球运动的政治价值是指足球运动在维护统治阶级政治统治方面所起的作用。政治统治在阶级社会里表现为阶级统治,它是经济上最强大、占优势地位的阶级为维护现存的政治关系和社会秩序,通过国家权力而对全社会所进行的强力支配与控制。由于足球运动所具有的二重性特征,它会给人们理解和处理足球运动与政治的关系问题造成困难。在我国足球运动事业发展过程中,也曾出现过由于足球运动与政治的关系处理不当而造成足球工作出现重大失误。事实告诉我们,没有必要将足球运动与政治等同起来,足球政治化对于足球事业的发展十分有害。但是,我们也绝不能将足球运动与政治割裂开来,或者人为地对立起来,因为它既不符合足球事业发展的历史和现实,也会使人们在处理足球运动与政治的关系问题上麻木不仁。足球运动的政治价值主要表现在以下几个方面。

(一)通过培养人为政治服务

足球运动作为体育运动的组成部分,培养人的手段向来受到社会团体和国家的重视。每一个团体和国家总是按照各自的政治要求,培养、教育本团体的成员。通过足球运动灌输国家的政治思想、价值观念和行为道德规范。到今天,我国的共产主义思想品德、爱国主义、集体主义教育,文明礼貌行为习惯的养成等,无不反映了团体国家的政治要求。因此,我们不仅在足球运动中贯穿本团体、国家的思想观念,行为道德准则,而且把足球运动作为培养本团体接班人的有效手段,从而通过培养人为本团体、国家的政治服务。

(二)宣传、扩大本团体的影响

进入 20 世纪以后,在国家独立、统一的基础上,国家民族主义发展,各个国家各个民族都力图显示自我的强大和优越。这就需要通过各种方式展现自我团体的强大,体育就成了各种方式中最为有效的方式,而足球运动作为全世界最为热门的体育运动,其重要性不言而喻。各国足球组织的成立为这种显示提供了组织保证与可能。这种扩大本团体的影响,显示自己团体能力的需要,赋予了足球运动浓厚的政治色彩。

在以和平发展为主要特征的现代社会,足球竞赛成了国家与国家竞争的舞台,显示一个国家民族的政治、经济、文化、科技等综合实力的窗口。足球运动水平的高低,竞赛的胜负,直接关系到国家、团体的荣誉。因此,为了扩大国家、民族的影响,显示团体的力量,各国都把足球运动作为有效手段并予以重视。足球运动发展的现实充分证明了足球运动在扩大国家、团体影响,显示团体存在及力量方面的价值和意义。

（三）振奋民族精神,培养爱国主义热情

在足球运动中,尤其是国际性足球竞赛中,不管胜负都可以振奋民族精神,培养爱国主义的热情。胜则使人感到自我所在团体、国家的力量,激发为团体、国家的强大、发展而努力的激情与热望;负则可以使人们看到自己的不足,从而更加团结一致,努力奋斗,为团体、国家的强盛做出自己的贡献。相比世界足球强国,虽然我国依然有很长的路要走,但足球运动对于国人民族精神与爱国主义热情的培育,始终非常强烈。

每一个人作为一个国家、一个民族的一员,都应该热爱自己的国家,热爱自己的民族,并有责任、有义务为自己国家、民族的发展、强大而努力。足球竞赛的胜利,可以使一个社会公民感到自己国家、民族的强大,从而为自己的国家、民族,同时为作为该国家、民族的一员而感到骄傲,感到自豪。这种民族的自尊心、自豪感可以使人更热爱自己的国家、自己的民族,增加民族凝聚力,使爱国主义热情得以强化。

第四节　世界性足球赛事简介

一、世界杯足球赛

1928 年,国际足联在荷兰首都阿姆斯特丹举行会议,决定每 4 年举行一届世界足球锦标赛,后改称为世界杯足球赛。该项竞赛分预选赛和决赛两个阶段,参赛选手不受职业或非职业身份的限制。

世界杯竞赛设流动奖杯"里梅杯",也称"金女神杯"。1970 年第 9 届世界杯赛,巴西队第 3 次夺得冠军,永久性地占有了该座奖杯。1974 年第 10 届世界杯竞赛,国际足联启用"国际足联世界杯",也称"大力神杯"(图 1-2)作为永久性流动奖杯。

从 1930 年国际足联举办第 1 届世界杯足球赛开始,至今已举办了 20 届(1942 年和 1946 年因第二次世界大战中断)。第 20 届世界杯足球赛于 2014 年 6 月 12 日至 7 月 13 日在南美洲国家巴西境内 12 座城市中的 12 座球场内举行(图 1-3)。

图 1-2　大力神杯　　　　图 1-3　2014 年巴西世界杯标志

二、世界杯女子足球赛

20 世纪 80 年代以后,世界女子足球运动蓬勃兴起,各种形式的竞赛交流日益增多,为此,国际足联决定举办世界女子足球锦标赛,即女子世界杯赛。

1988 年,在国际足联倡导下,中国广东成功举办了有 12 个国家参加的国际女子足球邀请赛,为正式举办世界杯女子足球赛奠定了基础。1991 年,首届世界女子足球锦标赛在中国广东举行。

世界杯女子足球赛每 4 年举办一届。从 1999 年第 3 届起,参加决赛阶段竞赛的球队由 12 支增加到 16 支,16 支球队由各大洲预选赛产生。

三、奥运会男女足球赛

在 1912 年的第 5 届奥运会上,足球被正式列为奥运会竞赛项目。自此,除 1932 年洛杉矶奥运会未正式设足球竞赛项目外,其他各届均将足球或列入奥运会竞赛项目或作为表演项目。

从 1956 年第 16 届奥运会开始,奥运会足球竞赛被分为预选赛和决赛两个阶段。

1960 年,国际奥委会在第 17 届奥运会中规定,凡参加过世界杯竞赛的运动员不得参加奥运会足球竞赛。

1972 年,国际奥委会决定,停止执行关于参加过世界杯竞赛的运动员不得参加奥运会足球竞赛的规定。

1978 年,国际足联代表大会决定,欧洲、南美洲参加过世界杯足球竞赛(预选赛和决赛)的运动员不得参加奥运会足球竞赛。

1983 年,国际奥委会和国际足联再次重申,禁止所有职业运动员及参加世界杯足球赛的非职业运动员参加 1984 年第 23 届奥运会足球竞赛。

1984 年 4 月,国际足联宣布,除欧洲和南美洲参加过世界杯足球竞赛的运动员不准参加奥运会的限制外,今后不再区分职业和业余运动员,但奥运会足球竞赛将对参赛运动员年龄加以限制。

1993 年,国际足联决定,允许参加奥运会足球决赛的每支球队有 3 名 23 岁以上的运动员。这一规定标志着奥运会足球竞赛将成为年轻职业选手的竞技舞台。

1996 年,在第 26 届奥运会上,女子足球被正式列入奥运会竞赛项目,参加决赛阶段的球队为 8 支。[1]

四、世界青年学生足球锦标赛

世界青年学生足球锦标赛是 20 岁以下男子的国际性足球竞赛,又称为世青赛或世青杯。从 1977 年突尼斯举办第 1 届世界青年学生足球锦标赛开始,至今该项竞赛已经成功举办了 20 届,第 21 届将于 2017 年在韩国举办。

2002 年,相对应的世界女子青年学生足球锦标赛也拉开了帷幕,不过年龄限定为 19 岁以下。从 2006 年开始,女子世青赛的年龄限制也提高至 20 岁。

五、世界少年足球锦标赛

世界少年足球锦标赛是由 17 岁以下国家队队员参加的男子足球锦标赛,国际足联(FIFA)负责举办赛事。

20 世纪 70 年代中期,新任国际足联主席阿维兰热先生提出举办世界性青少年足球竞赛的设想。

1983 年,阿维兰热先生正式提出,请中国承办首届世界少年足球锦标赛。

1985 年,17 岁以下柯达杯世界少年足球锦标赛在中国开始

---

① 汤宪博.足球场进行曲[M].北京:中国财政经济出版社,2015.

举办,冠军由尼日利亚夺得。

1991 年,该竞赛更名为国际足联 17 岁以下"柯达杯"世界足球锦标赛。竞赛每 2 年举办一届,至今已经成功举办 16 届,第 17 届将于 2017 年在印度举办。

六、世界室内足球锦标赛

世界室内足球锦标赛也称为国际足联五人制足球世界杯,是国际足联主办的世界性竞赛项目。

室内足球起源于北欧斯堪的纳维亚半岛,它的特点是攻防转换速度快、射门频繁、进球多。由于此项运动易于开展,因此很快向世界各地传播,并逐渐形成了以巴西、西班牙、美国为代表的 3 种"流派"。

1975 年,北美职业足球联盟首次组织了室内足球联赛。

1978 年,美国室内足球协会成立。

1981 年,"室内足球国际联合会"宣布成立,总部设在澳大利亚。

1988 年,"室内足球国际联合会"正式加入国际足联五人制足球委员会。

1989 年,国际足联在荷兰举办了首届世界杯室内五人制足球赛,并规定今后每 4 年举办 1 届。

值得说明的是,虽然国际足联承认室内足球自身的价值和应有的权利,但由于它的规则与传统 11 人足球规则相去甚远,为了保持两者的连贯性国际足联对室内足球的规则从 1995 年开始就进行了修改,1999 年又进行了校正并从 2000 年 1 月 1 日开始实施。

七、国际足联俱乐部世界杯

国际足联俱乐部世界杯(简称:世俱杯)是一项由国际足联主

办、来自六大洲最顶级的球队参与的国际性足球锦标赛。

1998 年 6 月,国际足联主席布拉特上任后提议,后经国际足联决定,每两年举办一次由各大洲俱乐部联赛冠军、丰田杯和解放者杯冠军参加的世界俱乐部足球锦标赛,以增进各国俱乐部之间的交流,促进足球运动水平的提高。

2000 年 1 月,首届世俱杯赛在巴西举办。

2001 年,世俱杯赛原本打算在西班牙进行,但由于赞助商问题,赛事被迫取消。

2005 年,国际足联成功将世俱杯和丰田杯合并,世俱杯重新启动。重新开办的世俱杯于 2005 年在日本举行。人们习惯上将 2005 年 12 月的竞赛作为第 1 届世俱杯。其后每一届赛事都在日本举行,其中 2009—2010 年在阿联酋举行,2013—2014 年则在摩洛哥举行。2015 年开始再次回到日本举行。

2015 年国际足联俱乐部世界杯于 2015 年 12 月 10 日至 20 日在日本举办,本届赛事有来自六大洲足联的各支冠军球队和主办国日本职业足球联赛冠军球队共 7 支球队参赛。

第二章 校园足球体系建设基础理论

第一节 校园足球体系建设的必要性

一、我国学校足球设施存在问题

当前,我国绝大多数的城市学校,足球场、足球架、足球等一般都具备了,而在一些偏远的农村地区,由于经济发展水平较低,足球运动基础设施建设严重不足。这些学校不仅没有完善的足球场,甚至连足球架与基本的足球都没有。有些山村学校就有一个足球,孩子们踢破了再缝。近年来,国家加大了对偏远农村与山区学校的足球场建设力度,但依然不能满足这些地区学生的学习需要。足球基础设施与器材的严重匮乏极大削减了这些学生学习足球的热情。

另外,我国很多学校的足球场还存在开放率低的问题,许多学校的足球场都不是对外开放的,即使开放也会向大众收取高昂的费用,这也在很大程度上阻碍了我国学校足球的健康发展。

二、我国学校足球教学区域发展不平衡

我国地区之间、城乡之间经济存在着发展的不平衡性。经济发展是足球运动兴起的重要原因,区域经济发展不平衡,必然会

带来足球运动开展的不平衡。与经济上西部落后于东部、农村落后于城市保持一致，东部和沿海地区的学校上足球课较多，而在西部地区和广大农村就少些，特别是边远地区的人民根本谈不上上足球课。关于这一点，与上面提到的第一点密切相关，读者可以联合起来理解。

三、我国学校足球教育活动行为滞后

近两年，我国党和政府对校园足球的大力宣传和学校体育教学水平的提高，在很大程度上促进了我国校园足球的发展，但这并不能说明我国的校园足球开展就能与认识相匹配。由于受多种主客观因素的影响，我国学校中依然有很大一批学生学习足球运动的动机还不够强烈。相比篮球运动、健美运动、游泳运动与各类休闲体育运动，学生非常不情愿在偌大的足球场上跑得大汗淋漓，腰酸背痛。若没有较好的足球技术，很多学生表示，在踢完一场足球赛下来，自己就摸球一两次，还被对方撞上了胳膊。一系列的问题充分说明了我国学校足球教育活动存在较大的问题。

四、我国学校足球教师数量不足、质量不高

国外一些足球强国，对学校中足球教师的数量与质量十分重视。在我国，许多学校依然存在足球教师数量不足、质量不高的问题。例如，很多足球课都是由体育教师"包办"。这些体育教师不仅教足球课，其他像篮球课、乒乓球课、田径课等都"不在话下"，真可谓"一专多能"，但是，这些体育教师都不专，都不能。有些学校甚至让教文化课的教师教足球课。试想，一个连基本足球知识与足球运动技能都没有的教师教学生踢足球，学生怎么能够真正学会足球，学校足球又如何取得发展？

当然，在我国一些大中型城市的学校，很多配备了专门的足球教师。但是，这些足球教师也存在一些问题，如教法传统、内容

老套,甚至有些指导员具有体罚学生的问题。这就要求学校招聘有一大批经过专门的、特殊培训足球教师,充分运用先进的足球知识,合理地将足球教学有秩序地组织起来,促进学校足球的发展。

五、我国学校足球教学目的还很狭隘

目前,我国很多学校尚未建立起比较正规、完善的足球教学组织网络,多数教师本着提高学生身体素质的"小目的"进行教学,而疏忽了国家足球事业发展,为国家培养优秀足球人才的"大目的"。这就导致了一些身体健壮的学生表示"既然我身体素质很好,就无须学习足球"。这充分暴露了我国学校足球教学目的还很狭隘的问题。

六、我国学校足球运动的负荷不规范

就目前来看,我国很多学校在足球教学过程中,暴露出了运动负荷不规范的问题,负荷的强度、频率、持续时间都没有教到"点"上,因此收效甚微。运动负荷的错误教学,非常容易引发学生出现运功损伤,尤其是对于少年儿童,由于他们的身体尚未发育成熟,若教师未能对他们制订正确的运动负荷,极易给他们的身体与心灵带来损伤,严重的甚至威胁生命。

七、我国学校学生足球理念偏差

对于学生来说,在"重智育轻体育"理念的影响下,学生课业负担过重,足球课往往被其他科目所占用,没有足够时间进行足球运动。足球课成为一种形式;或者出于安全原因而取消一些对抗激烈的足球竞赛,但足球竞赛往往是学生喜爱,热衷参与的活动。另外,有些学校足球教学和课外足球活动的内容和形式也没有充分考虑学生的能力和兴趣,严重影响了足球教学的效果和学生参与足球运动的积极性。

八、我国学校足球教学能力不足

当前,我国学校足球运动刚刚起步,其发展涉及学校、社会、政策等方方面面,所以控制的难度极大。尽管部分学校制订与实施了一些关于校园足球运动教学的内容与方法,但多数还存在不足,实施有效控制的手段和措施还不多。

第二节　校园足球体系建设的基本原则

一、校园足球教学原则的基本特征

校园足球教学原则为学校足球教师规定了从事校园足球教学活动的基本标准或规则,对校园足球教学活动的有序进行具有重要意义。

相比国外那些足球强国,我国校园足球起步较晚,其具体的教学活动需要处理多方面的关系、开展多方面的活动,这就决定了我国校园足球教学体系建设的原则是多元的。这些不同的原则相互联系、相互协同,构成校园足球体系建设的原则体系。作为学校体育教学的子系统,校园足球教学的原则体系具有与其他子系统不同的一些特征。

（一）整体性

首先,校园足球体系建设原则是以校园足球各具体教学活动的实施原则作为贯穿始终的客观依据结合而成的。各具体的教学活动的原则层次和各整体教学体系建设原则之间相互联系、相互作用、相互补益，构成了一个具有紧密内在联系的整体。同时，整体的教学体系建设原则对各具体教学活动的原则具有规范、指导作用，而各具体教学活动的原则在某种意义上讲是整体教学体系建设层次原则的具体化，又对整体教学体系建设原则产生一定的影响。如果对此认识不足，我们就会在建设校园足球教育体系时出现偏误。

其次，校园足球体系建设原则的整体不单单是各具体教学活动原则的简单加和。各具体教学活动原则通过相互联系、相互作用而使校园足球体系建设原则产生主体功能，即保证校园足球体系的性质和方向，指导校园足球的教育者正确选择教育内容和方法、采取正确的教育行为等。因此，我们在运用校园足球体系的建设原则时，不能顾此失彼，而应充分考虑其具体教学活动的原则之间是否相互协同，以充分发挥整体效应。认清校园足球各具体教学活动的特点与原则，有助于我们全面认识并把握校园足球体系建设原则，充分发挥其整体功能。

（二）层次性

校园足球体系建设原则可依照由整体到局部、由一般到个别的次序，分层次加以排列，每一层次原则都在一定的范围内和条件下起作用，都有自己特殊的功能和意义。例如，从属层次的原则反映了校园足球体系与学校自身的教育规划与教育目的之间的本质联系，是处理两者关系的基本准则；关联层次的原则反映了校园足球体系与其教师、学生之间的紧密联系，是处理校园足球教学与教师工作、学生工作等平行子系统之间关系的基本准则；运行层次的原则反映了校园足球体系中各要素之间的内在关联，是处理校园足球体系中各要素之间关系的基本准则。

以上三个层次的原则区分明显，有主次之分，呈现出明显的层次性。即使是同一层次中的各个具体原则也有主次之别，表现出一定的层次性。如在关联层次原则中，求实原则体现了正确建设路线的要求，对同一层次的其他原则具有指导意义，同一层次的其他原则基本上是这一原则的展开和具体化。再如运行层次原则中,以人为本原则非常重要,具有较强的指导意义,同层次的其他原则在某种意义上讲都是以人为本原则的具体化,因而带有基本原则的性质。

（三）发展性

校园足球体系的建设原则是在校园足球体系建设活动中形成和发展的一个多层次的动态体系,不是孤立、静止、固定不变的。首先,随着政府对校园足球政策的变化、学校自身体育教育与重心的转移,校园足球体系建设的新经验将得到不断总结,新规律将会不断被认知,反映这些规律的新原则将会不断出现;其次,即使是同一原则,其内涵也会随着校园足球教学实践的发展而不断丰富;最后,校园足球体系的建设原则会随着时间、地点、条件的不同而变化,因而在具体的教学建设活动中运用哪些原则,运用某原则时侧重点是什么,都必须从实际出发,依具体情况而定,绝不可一成不变,这也是校园足球教学建设原则具有发展性的重要表现。

二、校园足球体系建设的基本原则

（一）人本原则

1. 内涵

人本原则就是以学生为中心,即在校园足球体系建设过程中,从促进学生的个体发展的要求出发,以学生为本,注重学生的思想、感情和各种需求,把校园足球体系的建设与学生的终极价值联系起来,使校园足球真正成为对学生健康成长道路上的重要内容。具体来说,这种以人为中心的校园足球体系,一方面,以激发学生的主动性和创造性为根本,以达到调动学生的积极性为目的;另一方面,为实现学生的自由、全面发展创造条件。

2.必然性

首先,在社会中,人既是构成社会的主体,又是社会活动的主体。通俗来讲,一切社会活动都是通过人来进行的。党的十八大报告中明确提出:"凡是涉及群众切身利益的决策都要充分听取群众意见,凡是损害群众利益的做法都要坚决防止和纠正。"这是从尊重人民当家做主的基本权利和维护人民的根本利益出发,充分体现了党的群众路线,为人民服务的根本宗旨和以人为本的科学发展观。在校园足球体系的建设活动中,学校同样要坚持"两个凡是",尊重学生的基本权利和维护学生的根本利益。

其次,在新时期下,坚持人本原则,既是校园足球体系建设的出发点,也是校园足球体系建设的内在要求。对于学校教育而言,学生是一切教学活动的中心与出发点,也是一切教学活动的归宿。这也就是说,一切教学活动既是属于学生的,也是为学生的。因此,校园足球体系的建设也应该关注学生的三大需要,即物质需要、社会需要和精神需要。从本质上看,人文关怀是校园足球教学体系建设的核心。

再次,坚持人本原则,实际上是校园足球体系建设的价值目标要求。校园足球体系建设的价值目标,是建设高效、完善的校园足球体系,以培养足球知识、足球运动技能、足球素质全面发展的人才。因此,在足球教学体系建设活动中,我们一定要以马克思主义人学思想为指导,坚持人本原则,立足于对学生主体意识的把握。只有这样,校园足球体系建设的价值目标才能实现。

最后,坚持人本原则,是发展与完善校园足球体系的客观要求。一方面,它有利于我们树立校园足球教学的新理念,把校园足球教学活动与学校体育教育的根本任务——实现学生的全面发展紧密地联系起来,从而发展和完善校园足球教学人学理论;另一方面,有利于从内容和方法论上推动校园足球教学朝着系统化、科学化的方向发展。坚持以人本原则为指导、坚持以国家足球事业发展和人的全面发展的一致性为出发点,开展现代校园足球教学的理论研究和实践探索,使我们能够在校园足球教学过程中,扬长避短,进一步促进现代校园足球教学的学科建设;再一方面,也有助于我们进一步探索校园足球教学的规律。

3. 基本要求

坚持人本原则,关心学生、尊重学生、爱护学生、注重学生的各项利益,既是校园足球体系建设的基本前提,也是校园足球体系建设的本质特征。从坚持人本原则的角度来说,它给校园足球体系建设工作提出了许多新的要求。①

第一,树立人文关怀理念。马克思主义的人本思想认为,人与人之间是平等的。因此,校园足球体系的建设工作要以平等为前提,对学生在学习足球运动过程中出现的各种问题加以重视,在思想上加以关怀,这是人本原则在校园足球体系建设工作中的具体体现,也是校园足球体系建设工作坚持人本原则最基本的要求。值得说明的是,在这一实践活动中,我们尤其是要注重学生的个体利益、个体目标、个体发展和个体价值的实现。以学生的个人利益而论,过去我们在传统足球教育价值观的指导下,无视学生合理的利益要求,使足球教学成了一种简单的说教,因而显得无力。所以,在新形势下,我们必须以人文关怀为出发点,放弃对学生利益不合理的抑制行为,对学生合理的利益主张和要求给予认同,并帮助他们拓宽谋求个体利益实现的渠道;同时,将学生的个体利益置于与社会利益双向互动的背景下,引导他们反思自身利益的合理性,从而把校园足球体系的建设工作落到实处。

第二,尊重学生的主体地位。所谓主体性,是指人的主观能动性在实践中的外在表现,它从本质上反映了学生在教学活动中的精神状态与基本态度。尊重学生的主体地位,最根本的就是他们在足球教学活动中的自觉能动性和创造性。客观地讲,尊重学生主体地位,是贯彻人本原则的起码要求,它是学生通过自我认识、自我管理、自我激励,达到自我完善的内在力量,也是推动校

---

① 高民绪,刘洪春,穆国华. 生态视域下我国青少年校园足球的发展路径研究[J]. 福建体育科技,2013(3).

园足球体系建设工作得以深化与创新的一种强大动力。此外,与尊重学生的主体地位密切联系的,是要关注学生个性的发展,它既是学生自主学习足球运动的动力,也是学生足球能力全面提高的必然选择。

(二)求实原则

1.内涵

求实原则也称为实事求是原则。校园足球体系建设的求实原则,就是在校园足球体系建设的整个过程中,我们要始终坚持理论联系实际,一切从实际出发,实事求是。

求实原则体现了马克思主义唯物论、辩证法、认识论的有机统一,它是党的思想路线在校园足球体系建设工作中的具体体现。

2.必然性

校园足球体系的建设是学校足球教育的重要工作。它能否取得巨大的效果,一个非常重要的方面,就是校园足球体系建设工作是否求实。具体而言,校园足球体系建设工作坚持求实原则,其必然性有以下三个方面。

第一,是克服现实校园足球体系建设工作滞后性的必然要求。在校园足球体系建设过程中,虽然很多学校采取了许多措施使它们的建设工作有所加强,也取得了比较明显的效果。但是,随着社会对知识型人才的需求逐渐加大,我国学校的教育重心离体育教育,尤其是足球教育越来越疏远。学校教育重心与校园足球运动发展二者之间的不协调,使得我国很多学校的校园足球体系建设工作呈现出滞后性。这种滞后性的存在与发展,必然对我国校园足球教学的发展造成极大影响。因此,校园足球体系的建设要依据求实原则进行建设内容、建设方法、建设途径等方面的创新,以适应新形势发展的要求。

第二,是提高校园足球教学实效性的必然要求。近几年来,随着网络技术的高速发展,西方发达国家的一些思想观念、意识形态随之被渗透到我国许多领域,尤其在思想意识领域,与我国特色社会主义改革和发展的要求相悖。这就要求我们在高等职业教育教学中,一方面,要以党的指导思想为指针,坚持党的意识形态的基本原则,保障高等职业教育教学的正确方向;另一方面,要通过求实的作风、踏实的工作,引导学生树立正确的人生观、价值观和世界观。

第三,是促进我国足球事业发展的必然要求。当前,我国的足球事业发展虽然与西方足球强国相比有些缓慢,但总体趋势是良好的。在这种情况下,校园足球体系的建设工作,就是必须以求实的态度,把提高学生的足球知识、足球运动技能、足球道德同国家足球事业发展的总目标结合起来,从而彰显它的社会价值与政治价值。

3. 基本要求

求实原则作为校园足球体系建设工作的一项重要原则,决定了我们在校园足球体系的建设工作中必须加以坚持,同时提出了一些基本要求。

第一,与我国社会的转型密切联系。改革开放以来,我国社会发生了很大变化。在经济领域,所有制结构、分配方式、资源配置方式、产业结构等方面,都发生了根本性的变化;在政治领域,党的领导方式、执政方式、政府工作方式也发生了很大变化,民主政治、法制建设有了很大发展;在人的观念意识领域,利益观念明显增强,服从意识减弱、主体意识增强;在社会领域,单一结构已经被打破,一个多层次的社会结构开始形成,过去简单的阶级结构被各阶层的密切结合所代替,社会职能也由单一性转向了综合性。这些情况表明,我国社会已经全面转型。面对这种社会的转型,校园足球体系的建设工作要立足实际,与我国当前的社会转型相适应,增强校园足球教学活动的针对性。

第二,与新形势、新情况、新要求密切联系。在新时期下,网络信息技术的高速发展给当代学生的思想观念带来了极大的影响和冲击。这些情况使校园足球体系的建设面临着严峻的挑战。

在建设过程中,我们能否化解这些矛盾、解决这些问题,既关系到学生的足球发展问题,也关系到国家足球事业的稳定与发展问题。因此,校园足球教学体系的建设工作必须以求实原则为指导,不断探讨和充实新形势下校园足球体系建设的内容与方法。只有这样,校园足球教学活动才能取得实际效果,才能不断获得发展的动力。

(三)开放性原则

在网络时代的今天,开放性是整个社会的重要特点,校园足球体系的建设工作也必须考虑这个特点。

1.内涵

所谓校园足球体系建设的开放性原则,是指在校园足球体系建设过程中,我们必须与国家、社会、学生家庭等保持密切的、全方位的联系,要多渠道、多形式、多层次、多方面地获取信息与把握信息,从而在一个开放的系统中进行建设。

2.必然性

第一,由社会的开放性所决定。开放是当代社会的基本属性。一方面,社会作为一个系统,必然在开放中进行物质、能量、信息的交流;另一方面,校园足球是社会的产物,又生活在具体的社会之中。从这个意义上讲,校园足球体系的建设必须坚持开放性原则。

第二,由学生的思想的开放性所决定。随着我国学校教育改革的深入以及"以人为本"原则的贯彻实施,学生的思想呈现出开放性特征。这种开放性表现在两个方面:一方面,学生的思想已经从过去的封闭状态下解放出来,主动接受新思想、新观念,积极思考和探索新问题;另一方面,学生的思想在许多问题上表现出过分现实。比如,在利益问题上,把重心完全放在自身利益方面,而不管他人、国家和社会的利益;在权利与义务问题上,把重心完全放在权利方面,而不讲义务。除此之外,某些学生对国外的一些学说、一些思想、一些价值观也倍感兴趣。学生思想的这种开放性,要求校园足球体系的建设实行开放式的教育,进行科学的引导。

第三,由校园足球体系的开放性所决定。校园足球作为我国学校体育教育的有机组成部分,它既面对学校领导与教师,也面对所有学生,它实际上是一个开放的系统。校园足球体系的开放性,内在地决定了校园足球体系建设工作的开放性。

3.基本要求

第一,坚持纵向联系。在建设校园足球体系过程中,我们要注意把握它的现状与历史、未来的联系。现状是从历史发展而来的,又是走向未来的基点。因此,我们必须认真分析、思考校园足球体系建设工作的现状与过去,清理哪些是正确有效、应当加以坚持或巩固的;哪些是错误或成效小、应当摒弃或改善的;哪些是在新条件下需要创新的,适应性强、效果显著的,应当加以总结推广的。同时,还要以现状为起点,根据掌握的信息量分析、评估未来校园足球体系建设工作的发展趋势。

第二,坚持横向联系。校园足球体系的建设工作需要综合运用社会学、教育学、心理学等相关学科的知识。因此,校园足球体系建设过程中,我们一要加强与这些相关学科的联系,及时把握这些相关学科的发展情况和研究成果,为校园足球体系建设工作提供理论支撑和信息;二要根据形势的变化,以及党和政府要求,随时对校园足球体系建设工作进行分析与评价,提高校园足球体系建设工作的有效性;三要加强校企合作,不断完善自身成果,逐渐形成一套满足企业人才需求的校园足球体系。

第三,增强校园足球体系建设工作的开放性。当前,我国学校足球运动发展速度逐渐加快,调整、充实校园足球体系建设工作的内容,增强其开放性,便成为校园足球体系建设工作的必然要求之一。尤其近几年,我国一些大中型城市的学校在校园足球体系建设方面成绩斐然,教学质量令人瞩目。在这种情况下,校园足球体系建设工作一是要坚定不移地坚持党和国家的最新教育政策;二是要体现新时期学生的思想特点。

第四,增强校园足球体系建设方法的开放性。在增强校园足球体系建设内容的同时,借鉴和开拓校园足球体系的建设方法,增强建设方法的开放性,是坚持校园足球体系建设工作开放性原则的又一必然要求。具体而言,一是要善于通过比较发现国外学校校园足球体系建设活动中值得学习的方法,充分吸取其中有益的成分;二是要充分利用互联网平台,建设校园足球体系的专门网站;三是要把继承传统方法与方法创新有机结合起来。

(四)层次性原则

1.内涵

所谓层次性原则,是指校园足球体系的建设工作要从学生的特点出发,根据不同学生的思想状况,区别对待,因材施教,分层次进行教育的原则。

从本质上说,层次性原则就是要求我们在建设校园足球体系时,要重视学生的个体差异,并根据学生的不同层次,做到因地、因人、因事、因时制宜,选择相应的内容与方法进行有的放矢、对症下药的教育,进而加强足球教学体系的针对性。

2.必然性

从学生各自的不同特点和实际情况出发,进行有针对性的建设,是校园足球体系建设的根本要求。

第一,由学生个人能力和素养的层次性所决定。从校园足球教学的实践来看,学生学习能力和素养所表现出来的层次性,决定了校园足球体系的建设工作必须坚持层次性原则。

第二,由学生对事物认识的差异性所决定。在校园足球体系建设过程中,学生对校园足球教学活动存在着不同程度的差异,这决定了校园足球体系的建设工作必须坚持层次性原则。由于受各种主客观条件的限制,学生对校园足球教学活动的认识、对自身的认识也不尽一致,呈现出了明显不同的层次。例如,在校园足球教学活动中,学生反映出来的学习态度、价值观念、道德观念等,可能与当前学校给校园足球教学的具体要求有一定的差别,也可能不一致,甚至可能是对立的。这种现象,一方面表明了校园足球体系的复杂性和层次性;另一方面,也为进行校园足球教育体系建设工作开展提供了客观依据。

3.基本要求

第一,正视差异。在校园足球体系建设过程中,我们要承认学生的差异,并正确对待这种差异。但要明确的是,正视差异不是迁就和包庇错误,而是求实态度的体现,是进行校园足球体系建设工作的起点。

第二,尊重学生的主体地位。在校园足球体系建设过程中,对在足球理论学习、足球运动技能掌握与运用方面处于不同层次的学生,我们要在情感上同等对待,尊重他们的人格,倾听他们的要求,关心他们各方面的利益;同时,引导他们发挥自己的长处和优点,不能放弃他们,更不能歧视他们。

第三,注重方式方法。在校园足球体系建设过程中,我们要对不同类型、不同层次的学生采取不同的教育方式和方法。同时,对低层次的学生不能随意指责,要善意引导与沟通。

第三节　校园足球体系建设计划的制订与实施

一、简介

由于校园足球体系建设涉及的内容非常繁多,且形式各异,对学校、教师与学生的影响也各不相同。况且校园足球体系建设还涉及校园足球体系建设环境、建设时间、建设资金、建设人力等方面的影响,因此,要想有效地建设校园足球体系,我们就必须从实际出发制订出切实可行的计划。只有这样,才能克服片面性和盲目性,做到心中有数,有的放矢,使校园足球体系建设工作有目的、有计划、有组织地进行。另外,通过计划的制定和执行,还有利于检查建设情况,总结经验,改进方法,提高建设的实效。

二、制订校园足球体系建设计划的依据

(一)以促进学生发展为依据

我们在制订校园体系建设计划时,要充分考虑校园足球能够有效提高学生身体素质的作用。在制订计划时,应力求把校园足球体系中的各项具体内容都围绕着提高学生身体素质来进行。整个计划的内容安排要由简到繁、由易到难,符合学生的身心发展规律。

(二)以校园足球发展为依据

由于校园足球在我国起步较晚,对教师与学生来说都尚不能全部掌握。同时,国家教育部门在校园足球方面出台的相关政策、方针也是在不断摸索着前进。但是,尽管如此,国家依然非常重视校园足球的发展,近年来国家在校园足球方面投入了大量的人力、物力与财力就是一个很好的证明。也基于这一点,我们在制订校园足球体系建设计划时,一个重要的依据就是促进学校足球运动的健康发展。

(三)以国家足球发展为依据

当前,我国足球运动发展与国外足球强国相比相对缓慢,这其中一个重要的原因就是我国在以前很长一段时间并未重视校园足球的发展。试看国外足球强国,哪一个不是非常重视校园足球的发展。为此,我们在制订校园足球体系建设计划时,也应当站在国家的高度,以国家足球发展为依据,切实搞好校园足球体系建设工作。

三、校园足球体系建设计划的主要内容

足球运动作为体育运动的一个重要组成部分,它与其他体育运动的最大区别在于参加对象的广泛性。据统计,足球运动是当今世界上民众参与程度最高的一种体育运动,没有任何一种体育运动可以与之相比拟。足球运动不受固定规则、场地、器材和设备的限制,参与者也不受年龄、性别、职业、文化教育、兴趣爱好等方面的限制。足球运动具有更加开阔的发展空间,它对增强国民体质,提高国民素质,丰富国民的文化生活内容,促进社会主义物质文明和精神文明建设具有重要的作用,且得到各级政府、组织的高度重视和关注。由于校园足球从属于足球运动,因此我们在制订校园足球体系建设计划时要综合考虑学校、教师与学生的具体情况与特点,有目的、有针对性地制订出适合学校足球发展、教师足球教学、学生足球能力提高的校园足球体系,使学校、教师与学生都能从中体验到校园足球带来的价值。

由于校园足球体系建设计划制订起来比较复杂,所以我们需要了解和掌握建设计划,才能在实际中运用,制订校园足球体系建设计划。概括而言,校园足球体系建设计划可分为长远计划、阶段计划、周计划和每次建设计划。

(一)校园足球体系建设长远计划

内容有四:

一是制订校园足球体系建设长远计划的年限。

二是制订校园足球体系建设长远计划的目标。该目标可以是校园足球草坪场地一年建设完毕为长远目标;也可以用足球教师一年人数达到 5 名为长远目标;还可以用一年培养校园足球人才 100 人为长远目标。

三是制订校园足球体系建设长远计划的内容。例如,为了一年建设完校园足球草坪场地,计划内容就应当为:项目什么时间

立项、什么时间开工、什么时间审查、什么时间交工以及建设完成后场地如何维护等。

四是制订校园足球体系建设长远计划的保障措施。例如，遵守建设时间与原则、注重建设人员监管、进行建设结构总结、检查建设效果等。

（二）校园足球体系建设阶段计划

内容有四：

一是制订校园足球体系建设阶段计划的时限。

二是制订校园足球体系建设阶段计划的任务和要求。应根据校园足球体系建设长远计划的目标确定。每一阶段的任务和要求都要有所侧重。

三是制订校园足球体系建设阶段计划的内容和办法。应结合本阶段学校、教师与学生的实际情况制订。

四是制订校园足球体系建设阶段计划的保障措施。

（三）校园足球体系建设周计划的内容

内容有四：

一是制订校园足球体系建设周计划的时限。以一周的时间为限较好。

二是制订校园足球体系建设周计划的任务和要求。

三是制订校园足球体系建设周计划的内容和办法。例如，制订校园足球教学周计划。

四是制订校园足球体系建设周计划的保障措施。遵守周建设时间与原则、进行本周建设经验总结。

四、制订校园足球体系建设计划时的注意问题

伴随着学校体育的发展，校园足球作为一项易开展、竞技性强、健身价值高的体育运动，逐渐被越来越多的学生认可与接受。

这使得校园足球健身的价值更加凸显,进而有力地推动了我国学生的整体素质。概括而言,制订校园足球体系建设计划应注意以下几个问题。

(一)符合学校的资金情况

对于学校来说,如何客观认识到自身的资金储备与利用率,并以此建设最适宜自身的校园足球体系,是获得良好建设效果的关键。学校应科学合理地安排校园足球体系建设所用的资金量,这既有利于提高学校自身足球教育的目的性、科学性、实效性、经济性,又有利于防止学校出现负债情况。

(二)注重学校地理环境和季节特点

在制订校园足球体系建设计划时,学校既要考虑自身的资金情况,又要充分考虑到自身的地理环境与季节特点给校园足球体系建设工作带来的影响。例如,学校的地理位置是高原、平原还是山地,气候是寒冷、温暖还是炎热,学校要根据这些具体情况和条件的变化,科学地实施校园足球体系建设计划,努力让教师与学生都从校园足球体系中受益。

(三)注重选择促使教师与学生全面发展的建设计划

校园足球体系的直接参与者是教师与学生。对于教师而言,他们要通过校园足球体系建设计划获得教学能力的提高;对于学生而言,他们通过校园足球体系建设计划获得足球能力的提高。无论是对教师还是学生,校园足球体系建设计划都应科学、合理、有针对性。因此,学校在实施校园足球体系建设计划时,一定要统筹兼顾,无论是计划开始与结束的时间、计划内容的选择,还是计划实施方法与手段的选择等,都要做到促进教师与学生全面发展。学校应努力避免单一片面的校园足球体系建设计划,给教师与学生造成不良的影响。同时,学校要重视和加强建设计划制订前的准备工作和建设计划制订后的检查工作,以保持建设计划有序地实施。

(四)加强科学指导和信息反馈

在制订校园足球体系建设计划时,学校要想获得理想的建设效果,在实施过程中能否得到专业人员的科学指导和帮助,并从教师与学生那里获得正确的信息反馈是非常重要的。

在计划实施过程中,学校要根据教师与学生发展的实际状况和变化特点,有意识地加强对教师与学生的专业指导和帮助,为他们的"教"与"学"提供科学有效的指导。这既有利于教师获得正确的教育技能,满足教师在校园足球方面的教育需求,又有利于学生从中提高足球运动的科学性和实际效果,改善他们的健康状况,提高学习质量,使锻炼者能真正地在校园足球运动中受益。

另外,对于学校来说,由于教师与学生都存在个体差异,同样的建设计划给他们产生的反应是大不一样的。所以,学校在实施校园足球体系建设计划过程中要对教师与学生采取一些简单、实用的检测方法,如对教师的教学考评、对学生的考试测验等。根据教师与学生这些信息反馈,学校可以对校园足球体系建设计划的相关内容进行及时有效的科学安排和调整,从而提高校园足球体系建设计划的科学性、安全性、实效性,进一步提高校园足球体系建设计划的实际效果。

五、校园足球体系建设计划的实施

校园足球体系建设不仅可以促进学校体育教育发展,而且可以提高教师的足球教育能力以及学生的足球运动技能。对于文化教育任务繁重的某些学校来说,校园足球体系建设无疑对学校、教师、学生都是有好处的,它可以使教师与学生做到劳逸结合,使他们的智力水平得到更充分的发挥。但是,如果校园足球建设计划实施不当,会出现适得其反的效果。因此,学校在实施校园足球建设计划时应注意以下几个要求。

（一）科学地安排建设人员

科学地安排计划，可以使校园足球建设计划得到全面实施，避免杂乱无章局面的发生。选择建设人员时要全面评估他们的性别、年龄、健康状况与学习能力、总结能力等，并给他们合理安排建设时间和进度。建设人员要有组织性，分工明确，并在建设过程中定期组织沟通交流，记录清楚交流情况，以达到总结经验，取长补短的目的。另外，还要注意运用多种多样的建设人员，尤其是对学生主体，更有利于建设计划得到全面实施。

（二）科学安排每一步计划

以一年拥有 5 名优秀的足球教师为例：

第一步，用一星期的时间制订招聘简章。

第二步，在网络上发布招聘信息，招聘人数为 3 人。用两周时间面试第一轮应聘者。

第三步，招聘的 6 名足球教师开展教学工作一个学期，进行考评。若达标，继续保留；若不达标，辞退。

第四步，第二学期开始，若继续保留的足球教师人数为 2 人，则马上开始第二轮招聘，人数依然为 4 人。

第五步，7 名足球教师工作到第二学期结束。重点考核第二轮招聘的教师，若达标，继续保留；若不达标，辞退，力求保留人数为 5 人。

（三）避免有碍学校整体发展的建设计划

不顾学校的整体发展，一味地追求校园足球体系的高标准，是非常错误的。例如，不考虑学校的资金不足状况，依然负债兴建高标准的足球场；不考虑足球教师人数不足的情况，依然"号召"大批学生上足球课；不考虑学生的年龄、生理与心理特点，一锅端地让所有学生都必须学习足球……这些都有碍于学校整体发展，都是校园足球体系建设实施过程中的大忌。

第三章　校园足球基础保障体系建设

第一节　校园足球思想保障

一、统一思想,目标一致

进入新时期以来,我国校园足球发展迅速,这也成为我国学校体育发展的重要内容。但是,从整体来看,我国校园足球保障体系、教学体系、组织体系、活动体系与服务体系等依然存在许多亟待解决的问题。我国校园足球若想健康发展,上述问题就需要学校领导对校园足球保护重点关注与大力支持。只有这样,我国校园足球体系建设才能够在思想层面获得力量,其建设目标、建设内容、建设方法、建设策略等才能进一步实体化。

二、树立科学发展观

就目前来讲,我国校园足球的发展面临着学校如何"重体育"与"重足球"的问题,要想处理好这两个,需要学校领导与教师解放思想、更新观念,树立科学的发展观。

校园足球是体育的一种,没有体育,学生身体素质就得不到保障。因此,在校园足球体系建设过程中,学校领导不能忽视学生的全面发展;在建设内容方面,要大胆借鉴国外足球强国校园足球体系建设的内容,结合自身实际加以改革。要便于教师与学生接受,不断推陈出新,使之尽快与国际校园足球发展接轨。同时,要善于把校园足球同现代生活结合起来,赋予校园足球崭新的现代价值,符合教师与学生的要求。观念是行动的指南,树立科学的发展观对校园足球体系建设工作的组织与开展具有重大的指导意义。①

(一)协同化发展

当前我国学校体育教育的主要内容依然是以田径运动为主,也有一些球类运动,但项目较少,课时也非常少,而校园足球作为学校体育教育的新项目,更是发展缓慢。所以,学校有必要重新审视、汲取和改进传统体育教育体系的东西,把传统体育教育体系建设的精华和校园足球体系建设结合起来。同时,与传统体育教育体系接轨,两者共同发展。

传统体育体系建设是校园足球体系建设的"榜样",校园足球体系建设有赖于源源不断地吸取传统体育体系建设的精华。我们若想让校园足球体系建设起来,必须正确处理好它与学校传统体育体系建设的关系,做到学校传统体育体系建设与校园足球体系建设并重,使两者共同发展,互为补充,相得益彰。②

(二)科学化发展

校园足球体系建设的科学化是什么呢?首先,是利用科学的方法和态度研究校园足球建设体系。在客观上认识到校园足球体系建设是学校体育发展的一部分,以现代科学观点分析校园足球体系建设的每个环节,弄清校园足球体系中各个具体内容,从而形成一套完整的、科学的理论体系。其次是将科学的研究方法运用到校园足球体系建设中,在总结国外足球强国校园足球体系建设经验的基础上,用现代科学指导我国校园足球体系建设活动

---

① 孙向东.践行科学发展观创新体育教学模式[J].消费电子,2014(18).
② 王喜平.我国校园足球发展现状及对策研究[J].体育时空,2016(9).

的进行。

建设校园足球体系,必须要加强科学研究,要摒弃我国传统体育教育体系建设中落后的、不科学的,甚至与社会主义现代文明相悖的活动,提高学校领导、教师与学生对校园足球体系建设工作的科学化、客观化、正确化认识。同时,要加强校园足球体系建设的科研力度。例如,提高学校领导与教师的足球素质。同时,还要加强高素质校园足球科研人才的培养;完善校园足球体系建设的科研管理,确保科研经费、设备到位;建立和完善校园足球体系建设的科研网络以加快校园足球体系建设科研信息的传播和加速校园足球体系建设科研进程。

另外,校园足球体系建设的组织、管理等一系列工作都要走科学化的道路,以科学的理论、方法和手段,提高校园足球体系建设工作的效率,促进校园足球体系建设的发展。

(三)大众化发展

校园足球对于我国学校而言,是一项新型的体育运动。进入新时期以来,由于党和政府加大了对校园足球的宣传工作,校园足球得以在我国学校体育教育中落地生根。但是,相比其他体育运动,校园足球在我国学校中对学生的影响并不是很大。究其原因,一方面由于我国很多学校在校园足球教育方面依然存在教材不足、师资不够、场地不完善等问题;另一方面还因学校对校园足球的宣传力度不够,难以使其在学生心中形成一个"经常性体育"的概念。通俗来讲,就是校园足球还未真正实现大众化。这种发展形势下,校园足球体系建设的目的必然被逐渐忽视,走上"烂尾"的道路。

针对这种情况,校园足球有必要回归大众。值得说明的是,这里的"大众"特指学生。因为我国的学生群体相当广泛,走大众化道路有利于校园足球体系建设明确自己的目的,有利于为建设工作打好人力基础,促进建设工作的全面发展。

（四）全球化发展

当前,全球化正以前所未有的速度向前发展,随着经济一体化、信息全球化的形成,各国的体育事业开始出现融合发展的趋势。校园足球充满朝气,且与国家足球的整体发展密切相关,使得各国政府都十分重视。因此,校园足球的全球化是未来发展的方向。

校园足球作为一项体育运动,其体系建设工作囊括了政府、社会、学校等各种成分。就我国学校而言,校园足球体系建设的全球化趋势可以从以下方面努力:

第一,加强对校园足球体系建设的国际化管理工作。例如,对校园足球的竞赛体制进行改革,积极响应国家关于学校要积极参与校园足球国际性竞赛的号召,在国际校园足球竞赛场上学习国外先进的校园足球体系建设经验。

第二,招聘国外合格的校园足球教练员,设立专门的培训机构,提高我国校园足球体系建设的质量,促进我国校园体系建设工作的国际化发展。

第三,充分利用现代化高科技媒介,利用各种现代化的传播手段大力推广校园足球,可创办相关的网站和刊物,开办国际性的校园足球讲座等,做好校园足球体系建设的宣传和推广工作。

（五）人才化发展

校园足球体系建设的一个重要目的就是培养高素质的足球人才。无论是学校领导还是足球教师,在建设校园足球体系时都要有这种思想。近年来,校园足球已经给我国足球运动发展带来了生机和活力,人才化发展已经成为校园足球体系建设的重要思想。[①]

---

① 武斌.简析中国足球后备人才多元化培养模式的建立[J].运动,2013(18).

（六）娱乐化发展

前面曾经提到过，校园足球具有娱乐性特征。抛开激烈的校园足球竞赛，常规的校园足球运动既能够给运动者带来放松，也能够给观众带来赏心悦目的感觉。基于这一点，校园足球就可以走娱乐化发展的道路。尤其是对于中小学而言，由于学生的性格非常活泼好动，且喜欢玩耍，校园足球的娱乐性恰好能够培养他们的审美情绪与快乐体验。当然，娱乐化发展的校园足球还是有必要重视学生的参与度，相比观赏，参与其中必定能够给学生带来更为丰富的体验。

第二节　校园足球场地保障

一、科学的球场设计

（一）设计原则

1. 安全性原则

校园足球场地是学生进行校园足球运动的主要场所，人员比较密集，使用频率高。因此，必须把安全放在首位，场地必须平整、卫生，周围无杂物和污物；足球架必须牢固，无安全隐患。

2. 就地取材原则

由于各学校的办学经费总是有限的，特别是一些边远山区和经济不发达地区的学校，要运用高科技材料建造标准校园足球场地是不现实的。因此，各学校应该根据自身的条件，在原有足球场地的基础上逐步改善。例如，在足球架方面，学校可以利用当地的资源，如木材、金属、棉线等自行设计、制作一些简易的足球架等。①

3.标准场地与非标准场地相结合的原则

校园足球场地应根据学校的具体情况进行设计和规划。一般情况下,标准校园足球场地是为了进行正规的校园足球竞赛而设计的,造价高,占地面积大,对地理环境有一定的要求;而非标准校园足球场地可因地制宜,在材料方面也没有严格要求。各学校可根据实际情况,适当建造一些标准校园足球场地,而多建造一些非标准校园足球场地。

(二)设计思路

1.布局合理、实用

学校在建造校园足球场地时,一定要考虑场地的布局要合理,建造场地时要根据校园足球的具体教学、课余训练和开展课外校园足球活动的需要,来进行设计与建造。同时,还要注意学生对校园足球的关注度,如果在 1000 名学生当中只有 10 人喜欢校园足球运动,学校大可不必大费周折地建造一个标准的校园足球场,只要有空地满足这些学生的运动需要即可。此外,体育场地的建造还必须注意场地的方向,尤其要搞好排水系统。

2.安全与环保

(1)场地本身的安全问题

在建造校园足球场地时,学校首先应考虑场地本身的安全问题。例如,人造草坪与天然草坪的连接要达到规定的水平,以避免学生在活动时造成踝关节扭伤;场地中的井盖应尽可能在设计中就移到场外,如果难于移至场外,在建造中就应该保证草坪的厚度。

(2)场地与器材相关的安全问题

球场建成后,足球架一定会安装,它是固定在球场场地上的,

---

① 李志实,梁林.学校体育设施[M].北京:北京体育大学出版社,2004.

因此在进行足球运动之前,应注意足球架与场地的连接是否安全牢固,同时应认真检查固定方式,如螺栓、销钉等是否可能对学生产生伤害,做好防护措施。

(3)场地与周边相关物体的安全问题

在球场建设过程中,场地周边常常建有围墙、挡网、灯柱、领操台、旗杆等,这些要与球场保持一定的距离,避免学生在运动过程中产生碰撞性伤害。

(4)场地四周安全区的问题

在球场建造时,学校应对球场四周安全区给予保证,否则一旦发生伤害事故,球场的规格标准将会在法律上处于不利地位。

(5)材料成分的安全问题

足球运动最好的场地是草坪场地,它的造价与维护成本较高,因此需要学校投入大量的财力与人力。若非经济条件较好,学校没有必要一定要建造草坪场地,但也绝不能为了建造草坪场地而使用一些质量低下的草坪或在铺设过程中偷工减料,这些都会给学生带来人身安全的威胁。

总之,学校在建造校园足球场地时,一定要从学校的实际出发,体现出以学生为本的思想,同时还要考虑校园足球教学、课余训练和运动竞赛的需要,尽可能满足学生学习校园足球的需求。此外,学校还要考虑球场的安全性和实用性以及布局的合理性,使设计出的球场能够有效地促进校园足球体系的建设。

二、足球草坪场地的管理

(一)草坪场地的管理办法

第一,草坪场地主要供足球、棒球、垒球、板球、高尔夫球以及部分田赛等项目使用。使用时间要根据季节和草的生长情况来安排。以北京地区为例,每年12月至次年4月为草坪保养期,一般不安排使用。5月份可两天使用一次。6、7、8月可每天使用,

9、10、11 月可两天使用一次。我国南方草坪场地可全年使用。具体使用时间应根据当地气候等方面的条件决定。

第二，禁止机动车辆进入草坪。田径运动的掷标枪、铁饼和推铅球等项目，只能竞赛时使用草坪地，训练时尽量不使用或少使用。

第三，注意草坪场地内的卫生。场内不准吸烟，不准乱扔果皮、纸屑和砖头等杂物，也不准随地吐痰。

第四，一切使用单位和使用者都必须严格遵守草坪场地使用规定，爱护草坪和场内的一切设施。

（二）草坪场地的维护

第一，学校草坪场地管理人员要了解各种草的生长规律和使用特点。

第二，在我国北方，每年 12 月至次年 4 月，是草的"冬眠初育期"，是草坪维护与保养的重要阶段，特别是 3 月初至 4 月底，应每隔两天浇一次"返青"水，水要浇透，保持场地湿润。浇水时间应根据天气和气温决定。同时要看好场地，不准踏踩。

第三，草苗长出地面 1 厘米之后，要拔除野草。开始 7 天拔一次，连续拔 4～6 次（视野草生长情况确定拔草时间和次数）。

第四，5、6 月中旬视草苗的长势施肥。每块足球场大小的草坪可施化肥 200 千克，施 1～2 次即可。方法：一是将化肥均匀地撒在草坪上，然后浇水；二是把化肥溶于水中喷洒在草坪上。后一种方法更有利于草的生长。

第五，草坪要定期剪修，保持平整，高度为 4～5 厘米。剪草用剪草机进行，以装有引擎的手推式剪草机为佳。剪草以在一天内剪完一遍为好。剪草之前要用 1 吨重碾子压一遍，以免杂物损伤剪刀。剪下来的草应立即清除，以免霉烂，损坏草坪。

第六，草坪损坏的地方要及时栽补，避免裸露部分蔓延。镶补草坪的方法是：镶补前，应将表面泥土掘松 2～3 厘米（以使草坪能很快在新环境中生根），将多余的泥土移到旁边（和旧草坪接缝的边缘要多移一些），然后将移过来的草皮一块块镶上。新草坪与旧草坪之间要留有 1.5～2 厘米的空隙，并填满泥土。新镶的草坪应比原有地面高出 1.5～2 厘米，接缝处高 1 厘米左右。要浇洒足量的水，略干后，用 1 吨重碾子碾压两遍，使草坪平伏、结实，利于草生根繁殖。

第七，入冬前要浇冬水 1～2 次。冬季，待草茎全部干枯后，选微风天将草坪火烧一遍。

第三节　校园足球师资保障

一、足球教师简介

足球教师是一个掌握一定足球专业知识和能力及其相关知识与技能的群体，受学校的委托，通过讲解、示范等形式的课堂教学以及各种足球实践活动，将一定的足球知识与技能传授给学生，以培养学生的足球运动能力、足球道德、足球审美情趣为最终目标的教育工作者。

足球教师是整个学校教师队伍中的一个有机组成部分，既是学校足球教育的实施者和实践主体，也是一个需要不断充实自己足球知识体系及动态发展的个体。足球教师的工作决定着学校足球教育事业的水平和发展方向。

二、足球教师的职业道德

足球教师的职业道德，是指足球教师在其教学活动中，调节和处理与他人、与社会、与集体、与工作关系所应遵守的行为规范或行为准则，以及在这基础上所表现出来的观念意识和行为品质。它是对足球教师这一职业提出的集体道德要求和规范，是社会对足球教师工作的特殊道德要求。

2007年,胡锦涛同志在"全国优秀教师代表座谈会"上讲话时提出了"四点希望":爱岗敬业、关爱学生,刻苦钻研、严谨笃学,勇于创新、奋发进取,淡泊名利、志存高远。这"四点希望"对足球教师同样适合,是对足球教师岗位的严格要求,也是新时期足球教师品格的基本准则,指明了为师从教的正确方向。作为足球教师,不仅要用"四点希望"自励自勉,而且要具备良好的职业道德修养。

(一)爱岗敬业

首先,足球教师应该对自己的职业有清晰而独特的认识和了解,怀有强烈的使命感,才能建立起坚定的职业信念,对社会上的各种评价做出正确、理性的判断。①

其次,足球教师只有真心实意地热爱自己所从事的足球教育事业,才能把自己全部心血奉献给足球教育事业,全心全意地引领学生不断地学习、探索、研究、创新。

最后,由于校园足球在我国起步较晚,因此它的教育工作非常艰难。足球教师所付出的劳动是任何量化手段和指标都无法衡量的。这必然要求他们对校园足球教育工作保持一种无私的奉献精神。足球教师要尽可能地淡化功利思想,不斤斤计较物质享受,不迷恋于世俗浮华,不对个人利益患得患失,一切以育人为上,全心全意地把知识、智慧、爱心、时间乃至生命奉献给足球教育事业,奉献给每一个学生。

(二)关爱学生

热爱学生是足球教师职业道德的核心。足球教师只有真正地发自内心地热爱学生,才能想方设法去培养他们在足球领域有所成就。

---

① 何志林.足球教学训练工作指南[M].北京:人民体育出版社,2010.

另外,热爱学生是建立良好师生关系的前提,是传递师生情感的桥梁,是搞好足球教学工作的主要因素。足球教师对学生的爱是一种巨大的教育力量,也是一种重要的教育手段。足球教师对足球教育事业的热爱和献身精神,只有通过热爱学生、教育学生的具体行动才能体现出来。足球教师只有关心爱护学生,学生才会乐意接近他,乐意接受足球教育,进而使足球教学工作顺利开展。

（三）刻苦钻研、严谨笃学

足球教师要在奉献自己的同时,更要不断地超越自我,勇于创新与创造,锲而不舍地追求新知、刻苦钻研、积极探索校园足球教学规律,进而通过不断的学习和实践,逐步完善自我,以便取得良好的教学效果。

足球教师要做到教书育人,培养德、智、体、美、劳全面发展的一代新人,必须以不断进取、学而不厌的精神建立起动态的校园足球知识库和知识结构,随时补充、更新和调整自己头脑中的校园足球知识体系,使自己的思想、观念和足球知识结构跟上校园足球教育发展的需要。

严谨的教学态度,是指足球教师要具有认真、谦虚的教学态度,自觉地遵循校园足球教学规律,并用科学的教学方法培养、训练学生,还要有自我检讨、有错必纠的求是精神。

（四）为人师表,以身作则

汉代著名的思想家、教育家董仲舒曾说过:"善为师者,既美其道,又慎其行。"这就明确地指出了为人师表的核心思想。由此可以说,以身立教是广大教育工作者不可忽视的道德素质和风范。

足球教师在具备突出的足球专业水平的同时也要注重自己的全面发展。称职的足球教师对学生进行足球教育不仅依靠管教,而且充分利用身教"教育无小事,教师无小节"。因此,足球教师必须在与学生交往中严于律己、言行一致,并使自己的一言一行对学生起到潜移默化的影响。同时,足球教师还要对自己的品德与言行加以重视,要时刻以"处处是楷模,事事皆表率"来要求自己,以自身的品行影响、教育学生。

总之,足球教师要做到为人师表、以身作则,思想观念要科学、正确;道德品质要纯洁高尚;文化素养要丰富、精深;能力要全面、高超;身心要健康、振奋;风度仪表要端庄、大方;对学生有耐心,能温和、亲切、平等地对待每一个学生。作为一名现代社会的足球教师,则既要做学生学业上的老师,又应成为学生生活中的朋友。①

(五)具有合理的教学观

现代教学观认为教学是师生交往、积极互动、共同发展的过程;教学要重视结果,更要重视过程;教学要指导学生掌握基本学习方法;教学要指导学生了解课程的基本特征和课程对自己成长的帮助;教学应包括培养学生良好的学习习惯和行为能力;教学从关注学科转化到了关注人的发展。

现代校园足球教学提倡全人教育,倡导学生知识、能力、道德和人格的和谐发展,即教学目标的价值取向由"学生知识的掌握"转为"学生个体的成长",强调教学体系的科学化。

对于足球教学而言,教学观包含了足球教师具体教学活动的价值取向、基本方法和要求等,对于足球教师具有十分重要的作用,每位足球教师都有必要认真理解、接受、掌握并渗透到校园足球教学活动中。

三、足球教师文化修养

足球教学不仅仅涉及足球知识,还关联到很多相关的学科,

---

① 何志林.足球教学训练工作指南[M].北京:人民体育出版社,2010.

如运动生理学、物理学、心理学等。这就要求足球教师具备广泛的文化艺术素养。足球教师如果缺乏各门相关学科的素养,就必然很难满足和完成对于学生进行足球教育的要求,甚至会影响校园足球教学。

足球教师文化修养包括一般校园足球知识、足球相关知识及人格魅力等方面的修养。

(一)一般校园足球知识

这类知识包括校园足球的起源与发展、基本技术与基本战术。这些知识与校园足球教学工作有很直接的联系。对于足球教师而言,必须要扎实掌握这些知识,掌握得越多、越具体,足球教师在校园足球教学中就越顺手。

(二)足球相关知识

这部分的知识往往是足球教师所忽视的,然而它恰是足球教师文化修养中必不可少的部分。概括而言,这些知识包括运动生理学知识、物理学知识、心理学知识等。这些知识对于足球教师的教学工作具有非常重要的补充作用。因此,足球教师在掌握足球知识的基础上,还应该继续学习这些足球相关知识,加强自己的文化修养,拓展相关的知识面,增强自己的文化底蕴,这样才能在校园足球教学中不断总结、提炼自己的校园足球知识,做到厚积薄发、深入浅出。

(三)人格魅力

人格魅力是文化素养在足球教师行为举止及风度上的体现。一个学识渊博、阅历丰富、情趣高雅的足球教师的影响力来源于他的人格魅力。

足球教师的人格魅力可以直接对学生产生无言的、持久的影响。具体而言,文化素养要求足球教师不仅要有很好的音乐修养,同时行为举止也要文明有礼,如谈吐文雅、富有激情、仪态潇洒、气质高雅,能够表现出知识与修养的内涵,进而成为学生心目中健康与力量的象征、活力与审美的偶像。

另外,足球教师的衣着、举止、仪表、谈吐等外在修养也体现着他的内在素质,对学生的成长有着潜移默化的作用。学生对足球教师的仰慕往往是从他良好的外在素养开始的,这是影响教师威信建立和保持的重要方面。

四、足球教师的专业素养

(一)足球感

足球感又称足球感知能力,是人在进行足球活动的时候,最早出现的心理现象,是对特定的足球现象的感觉和知觉能力,是对足球内容个别属性的感受和整体性质的认识。足球感以感觉为基础,以知觉为反应形式,二者紧密结合为一体的完整的心理过程,是足球实践活动的基础。

足球教师只有具有优异的足球感知能力,才能在校园足球教学过程中实现情感、表现、创新等的逐步深入,这是一个优秀足球教师所应具备的基本专业素养。

(二)足球运动价值观

足球运动价值观是足球教师持续、稳定开展校园足球教学工作的重要基础,是足球教师真正理解足球教学工作意义的前提。只有具备科学、全面的足球运动价值观,足球教师的教学工作才能真正成为价值教育,而不是纯足球技术的教学。

良好的足球运动价值观对于足球教师尤其重要,它是足球教师所应具备的专业修养的一个组成部分。在校园足球教学活动中,足球教师作为校园足球知识与技能的传播者,主要是通过校园足球的运动价值来实现的。一方面,足球教师的足球运动价值观能对学生产生巨大的吸引作用,进而使学生喜爱足球课。对于足球教师来说,良好的足球运动价值观不仅体现为懂得足球、发现足球,而且还要善于创造足球;另一方面,足球教师足球运动价值观层次的高低决定着校园足球教学的质量与层次。足球教师能否站在足球运动价值的高度来施教,决定着学生能否从足球教学中真正感受到足球健身与养心的效果。

五、足球教师的教学能力

足球教师只有在具备校园足球教学能力的基础上,才能发挥其专业技能,成为优秀的足球教育工作者。

校园足球教学能力是一种高层次的复合能力,它包括足球教师的教学设计能力、校园足球课堂教学能力、校园足球教学评价能力、校园足球课外活动组织能力、现代教育技术的运用能力以及校园足球教育科研能力等。

(一)校园足球教学设计能力

校园足球教学设计是校园足球课堂教学质量的重要保证,也是足球教师教学水平的重要标志之一。校园足球教学设计包括了解和分析学生学习状况、分析和处理教材、确定课的类型和教学目标、定位教学重点和难点以及选择恰当的教学方法等内容。

1.了解和分析学生学习状况

学生是教学工作的落脚点,是备课活动的最终服务对象。足球教师应从以往的"只见教材不见学生"的教学方式中转变过来,要分析校园足球教材、分析学生、分析课堂,而不是在课堂上简单地再现教材。因此,进行教学设计时,足球教师要了解学生的身心特点、生活经验、兴趣爱好以及学生的知识储备,分析他们在学习校园足球时会出现什么问题,产生哪些矛盾,如何去处理等。

2.分析和处理校园足球教材

校园足球教材是足球教师进行校园足球教学活动的最基本材料,也是校园足球教学设计的基础。

首先,足球教师要熟悉校园足球教材,深入分析校园足球教材的特点、结构及知识分布情况等。

其次,足球教师要创造性地使用校园足球教材,要结合本地区、本校和本人的实际情况,特别是联系学生生活实际和学习实际对既定的校园足球教材内容进行灵活处理,整合利用好各种校园足球课程资源,及时调整校园足球教学活动,让校园足球的本质特征及育人功能在具体的教学实践中得以充分体现。

3.确定校园足球教学目标

校园足球教学目标不仅是校园足球教学的方向,也是进行校园足球教学设计的依据,只有目标明确,校园足球教学设计才能有的放矢。因此,确定校园足球教学目标是校园足球教学设计的核心。

校园足球教学目标是校园足球教学活动的灵魂,它对于足球教师来讲是要通过教而达到一种目的,是足球教师在熟悉校园足球教学内容,了解学生的实际情况后,为进一步提高学生的足球能力和水平而制订的学生应该达到的标准和境界。它的正确制订和达成是衡量一节校园足球课好坏的主要尺度。

4.定位教学重点和难点

校园足球课中的重难点大体集中在校园足球理论知识、基本技术、基本战术、运动损伤处理、竞赛活动组织与管理等方面。一堂好的校园足球课不光取决于教学内容生动、有代表性,教学目标科学、合理、有可操作性,而是在很大程度上取决于足球教师对重难点的准确定位。如果足球教师主次不分、平铺直叙,教学重点抓不住,教学难点突不破,那教学就不可能达到预期的目标。

5.选择恰当的教学方法

选择恰当的教学方法,这是校园足球教学成功的途径之一。选择教学方法应该与教学目标、教学内容相适应,因为任何教学方法都是为教学目标和教学内容服务的。

(二)校园足球课堂教学能力

足球教师的课堂教学能力是从事校园足球教学工作最基本的能力。足球教师必须善于发挥自己驾驭课堂的多种能力,以科学的理论为指导,遵循校园足球教育教学规律,善于灵活运用各种教学方法,创造性地完成好校园足球课堂教学的工作任务。

1.校园足球课堂教学的组织

一方面,足球教师要有维持课堂教学秩序、组织学生自觉学习的手段;另一方面,足球教师要对校园足球教材、教具、教学方法、教学形式等因素进行最优化的组合。同时,足球教师应针对授课内容的特点以及班级学生的特点,采取切实可行、灵活多样的组织教学形式,科学地安排校园足球实践活动。

2.校园足球课堂教学的调控

校园足球课堂教学的调控不仅可以激发学生学习校园足球的兴趣,而且还能使课堂气氛处在足球教师预定的调控之中。在校园足球课堂教学中,足球教师实施有效的调控,可以使校园足球课堂出现张弛有致、意趣盎然的教学格局,使整个校园足球教学流程呈现出预定的、有序的、最佳的调控态势。概括而言,校园足球课堂调控的方法主要有以下五种。

一是激发学生学习校园足球的兴趣,使校园足球课堂气氛处在足球教师预定的调控之中。

二是运用多样的教学方法对校园足球课堂教学加以调控。

三是足球教师通过科学、严谨的语言组织和表达能力,使校园足球课堂处于良性运作状态。

四是足球教师要在校园足球课堂中将情绪调整到最佳状态。

五是足球教师应具备一定的教学技能,有效地调控校园足球课堂教学过程中偶发事件,如打架斗殴、不尊重足球教师、出现运动损伤等。

(三)校园足球教学评价能力

校园足球教学评价是评价者在收集校园足球课程教与学信息的基础上,根据校园足球学科的教学目的和教学原理,运用切实可行的评价方法和手段,对校园足球课程整体或局部的教学系统进行全面考察和价值判断。

足球教师的教学评价能力包括自我评价能力和对学生评价的能力。校园足球教学质量的检测与评定,是对足球教师教学成果与效率的反馈,是改进校园足球教学的重要依据;同时它是激发学生学习热情和提高足球教师教学能力的手段。

校园足球教学评价要树立以学生为本、以发展为本、以学论教、重视多元评价、重视过程的理念。

(四)校园足球课外活动组织能力

丰富多彩的校园足球课外活动,既是校园足球课堂教学的拓展与延续,又是发展学生足球特长的平台。实践证明,学生参加学校组织的校园足球竞赛或表演活动对于学生的成长意义重大,有益于提高学生的足球运动技能,培养学生的共处意识与合作精神,促进他们形成稳定的体育品质以及良好的体育修养。[1]

开展校园足球课外活动,要求足球教师除了具备扎实而宽广的专业知识与能力外,还要具备较强的组织能力、鼓动能力、训练能力、接受能力和表现能力等。

(五)校园足球竞赛组织能力

校园足球竞赛组织能力也是足球教师的重要专业技能之一。校园足球竞赛可以使学生在校园足球学习期间发挥特长,使他们成为校园足球活动和演出中的活跃分子。同时,校园足球竞赛也给其他没有校园足球特长的学生一个接触校园足球、了解校园足

---

① 谢蒂.课外体育活动指南[M].芜湖:安徽师范大学出版社,2012.

球的机会,使他们在紧张的学习之余得到休息和娱乐。因此,足球教师必须掌握校园足球竞赛组织能力,通过竞赛来提高学生的足球运动技能。

(六)校园足球团队组织能力

就目前来看,我国很多学校的校园足球活动相当活跃,甚至有的学校成立了校园足球队、校园足球俱乐部等。因此,在进行正常的校园足球教学过程中,足球教师应当根据学生参与校园足球的热情指导学生组织一些校园足球团队,如上面提到的校园足球队与校园足球俱乐部。要注意,足球教师在这一过程中仅仅是起到一个指导作用,不能强迫性地要求学生一定要组织校园足球队或校园足球俱乐部。

(七)现代教育技术的运用能力

现代教育技术的特点是:通过多种感官刺激,使学生在有限的时间内,最大限度地获取信息。现代校园足球技术以多媒体、网络信息等方式呈现,其功能表现不受时间空间和微观宏观的限制,跨越时间和空间,将校园足球教学所需的信息以最快、最简便、最完美的方式展现给学生,丰富了校园足球教学的手段。

足球教师灵活运用现代教育技术可以增强学生的学习兴趣,能够大大提高校园足球教学的效率。

(八)校园足球教学科研能力

当前,我国的校园足球教学科研工作还处于初步阶段,这就需要广大足球教师不断地把校园足球教学中积累的经验,上升到理论的高度上来认识、归纳,进行理论性质的研究。

教学科研是揭示教学活动规律的创造性活动,能促进教学工作向更高层次发展,教师教学科研的质量与能力提高了,可以大大提高教学质量,使自己的工作更富于理性。

教学研究能够帮助足球教师不断超越现有的水平,迅速地吸收新的教学理论,为学校全面有效地提高校园足球教学质量而贡献力量。如果足球教师只教校园足球理论与技能而不从事校园足球教学科研,那么他们的校园足球教学水平就不可能有实质性的长进。

(九)足球教师教学能力的提高

1.培训

(1)专业单科进修

专业单科进修,指足球教师根据自己的实际业务水平、社会需求等,确定自己急待提高的校园足球专业知识,并在相应的足球培训学校选课插班学习。专业单修的基本内容包括:学习校园足球教学的新知识、新理论;学习国外足球强国在校园足球领域先进的教学方法;学习校园足球教学活动中薄弱的知识;学习校园足球专业技能;学习现代教育技术等。

单科进修的优势在于足球教师可以根据实际灵活选择,方向明确,单科强化,尤其对于校园足球专业操作性较强的技能性课程可以起到短期提高的良好效果。

(2)学历提高

足球教师的学历一般要求不高,但在目前我国高度重视校园足球发展的情况下,足球教师有必要提升自己的学历,以学得更多的校园足球教学技能。与其他体育运动项目相比,我国目前在校园足球学历进修方面的课程设置还不是很全面,导师指导制的落实也尚未全部到位,这就要求足球教师尽可能地通过自己的刻苦钻研与努力,学习校园足球教学相关的各种知识。

(3)专题培训

专题培训,是一种目的性较强的短期进修学习。在现实生活中,专题培训十分多见,如基础教育新课程培训、多媒体课件制作培训、双语教学培训等。此类培训往往授课集中、历时较短,学员可以在与专家的交流探讨中切实解决在某一业务问题上的困惑。①

足球教师培训主要有以下三个方面的要求。

第一,培训形式灵活多样。例如,学历未达标的足球教师通过参加学位课程的学习,从而达到一定的学历或学位水平;足球教师的在职培训可以以本校培训为主,立足于本校足球教师专业发展的实际存在问题,有针对性地进行培训。

第二,足球教师对于继续教育的培训内容需求是不同的,因此,培训内容也应有所区别。针对不同培训对象特点、培训需求进行不同内容的培训。

第三,把握足球教师校园足球教学的现状,深入了解足球教师在校园足球教学活动中存在的问题及真正需求,有针对性地解决校园足球教学现状及存在的问题,提高足球教师在专题培训过程中的实效性。

2.自我学习

随着社会的发展,校园足球教学观念、教学技术、教学理论也在不断进步,足球教师要想不断提高自己的校园足球教学水平和能力就要不断学习充实自己。

足球教师为了提高自身的校园足球教学能力,除参加培训以外,还可以通过自我学习,即主动在实际校园足球教学工作中营造开放的学习氛围。自我学习是足球教师提升自身能力、实现人生价值的重要手段,是足球教师可持续发展的基础。

(1)不断提高自己的知识储备和自身的综合素质

一般来说,足球教师大多具有较高层次的足球知识和较深厚的足球运动技能。然而,现代科学技术的迅猛发展,人类知识的不断更新,带来校园足球教学的不断创新,要适应竞争空前激烈的需求,足球教师就必须不断学习、继续努力。

---

① 张磊.开展校园足球,师资从哪里来[J].中国教师,2015(6).

（2）发掘身边的资源

足球教师应当多与自己的同行、同事进行校园足球教学方面的交流探讨，借鉴他们的优秀教学经验。人总是生活在一个群体当中，交流学习越多则说明资源开发越深，反之则资源浪费越严重。足球教师之间交流方式主要有：相互间的听课评课；师生一起编写学生感兴趣的校园足球教材；共同讨论国内外校园足球发展现状与趋势等。总之，足球教师应充分发挥资源共享的优势，实实在在地交流起来，积极营造生动、活泼的研学氛围。

3.积极活跃的教学文化

（1）发挥先进人物的带头作用

学校要首先注重本校骨干足球教师的引领作用，调动他们在校园足球教学方面的积极性，力求形成民主、和谐共进的校园足球教学氛围；其次，要注重校园足球知名专家的引领和带动作用。经济条件允许的情况下，可以向外聘请足球强国校园足球教学领域中的杰出教师来任教以促进本校足球教师业务能力的提高。

（2）创建专业发展的文化氛围

学校要给足球教师提供充足的学习交流机会，有条件的学校还可以给足球教师提供一些出国学习机会，进而提高他们的校园足球教学能力；普通学校应加强与体育院校在校园足球教学方面的交流学习、资源共享以及培训平台的建设。

另外，学校还应建立一套科学有效的足球教师教学评价方案。教育部门与学校应依据评价方案的指标体系，对足球教师的专业技能和教学技能实施定性和定量结合、他评与自我评价结合的评价模式。

第四章　校园足球教学体系建设

第一节　小学足球教学体系建设[①]

一、小学足球教学目标

本书对小学阶段的足球教学从四个方面设置了三级水平的教学目标,供读者参考。水平一、水平二、水平三分别对应小学1~2年级、3~4年级和5~6年级。三个水平阶段是一个不断提高的连续发展过程。学生可以通过小学阶段的足球学练,在初步掌握足球运动基本技战术的基础上,了解足球比赛规则,熟悉足球比赛过程,享受足球乐趣。

以下按照四个学习方面的三个水平阶段的划分,列出了小学足球教学的总体目标、水平目标和小学生达到该目标时的预期表现,供教师参考。教师在设置具体的单元和课时学习目标时,应把目标进一步具体化和明确化,使目标具有更强的可观测性与可评价性。

---

① 　人民教育出版社课程教材研究所体育课程教材研究开发中心. 中小学校园足球教师用书(小学). [M]. 北京:人民教育出版社,2015.

（一）水平一(小学一～二年级)

表 4-1　水平一校园足球教学目标(示例)

学习方面	总体目标	水平目标	达成目标的表现
运动参与	参与足球学习与锻炼	上好足球课,并积极参加课外足球活动	积极、愉快地上好足球课和参加课外足球活动
	体验足球运动乐趣与成功		
运动技能	学习足球运动知识	获得足球的基本知识和体验	了解足球运动项目中简单的动作术语
	掌握足球的基本技术和技能	学会足球运动基本活动方法	熟悉足球特性,初步建立球感学会常见足球游戏的方法初步掌握简单的踢球方法
		学会足球游戏的方法	
	增强安全意识和防范能力	初步了解足球运动中有关安全避险的知识和方法	知晓基本的足球运动安全知识,注意足球练习和比赛中的安全
身体健康	全面发展体能和健身能力	初步发展足球所需要的柔韧性、灵敏性和平衡能力	完成多种与足球相关的柔韧练习完成多种与足球相关的灵敏练习
	提高适应自然环境能力	发展各种条件下参与足球活动的能力	在多种条件下参加足球活动
心理健康与社会适应	培养坚强的意志品质	努力完成当前的学习任务	能认真完成足球课上教师布置的各项具体学习任务
	学会调控情绪的方法	体验足球运动对情绪的积极影响	体验足球活动中的情绪变化
	形成合作意识和能力	在足球活动中适应新的合作环境	在新的合作环境中愉快地进行足球活动和足球游戏,与同伴友好相处
	具有良好的足球道德	在足球活动中爱护和帮助同学	在足球活动中表现出对同学的关心与爱护,乐于帮助同学

(二)水平二(小学三～四年级)

表 4-2　水平二校园足球教学目标(示例)

学习方面	总体目标	水平目标	达成目标的表现
运动参与	参与足球学习与锻炼	上好足球课,并积极参加课外足球活动	积极、愉快地上好足球课和参加课外足球活动
运动技能	学习足球运动知识	学习足球运动的相关知识	了解足球运动的基础知识
		体验足球运动过程并了解动作名称的含义	知道足球运动中运、踢、接等动作术语
	掌握足球的基本技术和技能	初步掌握足球运动基本活动方法和足球游戏的方法	完成多种足球运动基本动作和简单游戏
		初步掌握多种足球运动技能,并在实践中运用	初步掌握球性练习的各种方法:如揉球、踩球、脚内侧拨球、脚背正面颠球等
			初步掌握传接球技术并能运用:如脚内侧传接球、脚背正面传球等
			初步掌握射门动作方法:如脚背正面射门等
			掌握运球技术并加以运用
		学会足球运动中有关安全避险的知识和方法	知晓足球运动练习和比赛中的安全知识与方法,表现出主动规避运动伤害和危险的意识与行为

学习方面	总体目标	水平目标	达成目标的表现
身体健康	全面发展体能和健身能力	着重发展足球所需要的柔韧、灵敏性、速度、力量等体能素质	通过多种练习发展与足球运动相关的速度、力量、灵敏性等素质及协调能力
	提高适应自然环境能力	增强适应气候变化的能力	能在天气适度变化条件下参与足球活动
心理健康与社会适应	培养坚强的意志品质	坚持完成有一定困难的足球活动	在有一定困难的足球学练活动中能坚持练习,完成学习任务
	学会调控情绪的方法	在足球活动中保持积极稳定的情绪	在足球练习中保持高昂的情绪
	形成合作意识和能力	在足球活动中乐于交流与合作	在足球活动中主动与同伴交流合作
	具有良好的足球道德	遵守足球运动规则并初步自我规范体育行为	初步了解体育道德,并注意规范自己的足球运动行为

(三)水平三(小学五～六年级)

表4-3 水平三校园足球教学目标(示例)

学习方面	总体目标	水平目标	达成目标的表现
运动参与	参与足球学习与锻炼	初步了解足球运动对个人健康的价值	认识到适当的足球活动是一种有效的健身手段和积极休息方式
	体验足球运动乐趣与成功	感受多种足球活动和比赛乐趣	感受足球活动比赛的乐趣,获得成功的体验

续表

学习方面	总体目标	水平目标	达成目标的表现
运动技能	学习足球运动知识	丰富足球运动的知识	对足球运动知识有更多的了解
		理解基本的足球术语	能够说出足球运动项目中常用的动作术语或简单的战术术语
		学会观看比赛	观看现场或电视实况转播的足球比赛,并能够做出简单评价
	掌握足球的基本技术和技能	初步掌握足球的基础战术	完成简单的配合,知道五人制比赛的常用阵型并能在比赛中运用
		掌握与运用多种足球基本技术	基本掌握颠球、拉球、拨球、挑球等熟悉球性的方法;脚内侧、脚背正面、脚背内侧等部位的传接球和射门方法;初步掌握原地头顶球和守门员接球等常用接球方法。学会足球学习和锻炼的方法,能够在游戏和比赛活动中运用这些方法
	增强安全意识和防范能力	初步掌握足球运动中有关安全避险的知识和方法	知晓足球运动练习和比赛的安全知识与方法;表现出主动规避运动伤害和危险的意识与行为
身体健康	全面发展体能和健身能力	发展与提高足球所需要的速度、力量、耐力、灵敏性等体能素质	完成多种与足球运动相关的发展速度、力量、耐力和灵敏性的练习
	提高适应自然环境能力	提高各种条件下的足球活动能力	能在环境变化条件下正常参与足球活动

续表

学习方面	总体目标	水平目标	达成目标的表现
心理健康与社会适应	培养坚强的意志品质	坚持完成有一定困难的足球活动	在足球活动中表现出勇敢、自制、坚毅等意志品质,坚持完成教师布置的练习任务
	学会调控情绪的方法	在足球活动中保持积极稳定的情绪	以正确态度对待比赛胜负,胜不骄,败不馁
	形成合作意识和能力	在足球活动中乐于交流与合作	理解合作对于足球运动的重要性,在比赛活动中表现出合作精神与行为
	具有良好的足球道德	遵守足球运动规则并能初步自我规范行为	树立体育道德观念,并注意规范自己足球运动中的行为

二、小学足球各学段学习内容与课时分配

按照每学期 18 周,每周一节足球课的安排,用表格形式列出了各水平阶段足球学习的内容与课时分配。教师在确定本校足球学习的内容与课时分配时,应根据本校条件、学生足球基础等因素,遵循难者多教,易者少教,反复出现,螺旋递进,学练结合的原则,确定本校具体、合理、可行的足球学习内容与课时分配。下表内容为示例,仅供参考。

(一)水平一

表 4-4　水平一学习内容与课时分配(示例)

年级		一年级		二年级	
课时分配		36		36	
		18	18	18	18
		上学期	下学期	上学期	下学期
学习内容	足球基本知识	2	2	2	2
	脚内侧踢地滚球	3	3	3	3
	脚背正面运球	3	3	3	3
	脚内侧变向运球	3	3	3	3
	脚内侧扣球	3	3	3	3
	脚掌拉球变向	4	4	4	4
	出界、进球等简单规则介绍	融入相关技术教学			

(二)水平二

表 4-5　水平二学习内容与课时分配(示例)

年级		三年级		四年级	
课时分配		36		36	
		18	18	18	18
		上学期	下学期	上学期	下学期
学习内容	揉球 踩球 脚内侧拨球 脚背正面颠球	1	1	1	1
	脚内侧传地滚球	2	2	1	1
	脚背正面传球	2	2	2	2
	脚内侧接球	2	2	1	1

续表

年级		三年级		四年级	
课时分配		36		36	
		18	18	18	18
		上学期	下学期	上学期	下学期
学习内容	脚内侧射门	1	1	2	2
	脚背正面射门	1	1	2	2
	脚背正面运球	2	2		
	脚内侧运球	2	2	2	2
	脚背外侧运球	2	2	2	2
	变向运球过人（左晃右拨）	2	2	2	2
	原地头顶球			2	2
	守门员技术	1	1	1	1
	个人进攻战术（传球、跑位）	融入相关技术教学			
	简单规则介绍				
	传抢游戏（4 对 1）				

（三）水平三

表 4-6 水平三学习内容与课时分配（示例）

年级		五年级		六年级	
课时分配		36		36	
		18	18	18	18
		上学期	下学期	上学期	下学期
学习内容	大腿颠球、脚背正面颠球、拉球、拨球、挑球、扣球	2	2	2	2
	脚背内侧传球、脚背外侧传球	2	2	2	2
	脚背内侧射门、脚背外侧射门	1	2	1	1
	脚背外侧接地滚球	1		1	1

续表

年级	五年级		六年级	
课时分配	36		36	
	18	18	18	18
	上学期	下学期	上学期	下学期

学习内容	脚内侧接空中球 大腿接球 脚背正面接空中球	4	4	4	4
	脚背外侧运球	1	1	2	2
	拉球变向过人、扣球变向过人	2	2	2	2
	原地头顶球、移动头顶球	2	2	2	2
	正面跨步抢球	1	1		
	守门员技术	2	2	2	2
	局部进攻战术（斜传直插二过一、直传斜插二过一） 个人防守战术（压迫，抢截） 5人制比赛阵型与位置分工	融入相关技术教学			
	球场知识、守门员犯规（回传手球犯规）、危险动作、犯规（绊摔、推人）				

三、小学足球教学计划的制订

按照《课程标准》的划分，在小学共有三个阶段，即水平一、水平二与水平三，每两个年级为一个学段。也就是说，每个水平段都包含了两个学年共四个学期。由于小学生在这个流年的学习过程中，生理、心理和认知等方面都会有很大的变化，因此教师在制订足球教学计划时，应该充分把握好小学生的实际，使足球教学计划中内容的选择和目标的设计科学合理，具有针对性。

(一)小学足球水平教学计划的制订

1.各水平教学内容的类别选择

根据小学足球教学的特点与要求,将这些内容按照重点内容、一般内容、介绍内容、课课练内容安排到各个水平阶段。

表 4-7 水平一教学内容的选择

类别	熟悉球性	运球与运球过人	传接球	射门	头顶球	游戏与比赛	比赛规则	足球战术
重点内容	★	★				★		
一般内容			★					
介绍内容				★			★	
课课练内容	★	★						

表 4-8 水平二教学内容的选择

类别	熟悉球性	运球与运球过人	传接球	射门	头顶球	游戏与比赛	比赛规则	足球战术
重点内容	★	★	★			★		
一般内容				★				
介绍内容					★		★	★
课课练内容	★							

表 4-9 水平三教学内容的选择

类别	熟悉球性	运球与运球过人	传接球	射门	头顶球	游戏与比赛	比赛规则	足球战术
重点内容	★	★	★	★		★		
一般内容					★		★	★
介绍内容								
课课练内容	★							

2.各水平具体教学内容的选择

根据各年级教学内容的类别选择,将各类内容具体化,为制订学期教学进度打下基础。

表 4-10　各水平学习内容的选择与分布

学段	水平一	水平二	水平三
重点内容	拨球、拉球、扣球、揉球、挑球,脚背正面颠球,脚内侧颠球;脚背正面运球,脚背外侧运球。脚内侧踢球,脚内侧接球	运球;脚背正面颠球,脚内侧颠球;运球变向过人;脚内侧传接地滚球,脚背内侧踢球;传抢练习	假动作运球过人;接球→运球→传球;接球→运球→突破→传球;接球→运球→射门;头顶球;一对一攻防;传抢练习
一般内容	运球变向过人;脚内侧传接地滚球	假动作运球过人;组合技术;接球—运球—传球;接球—运球—射门;头顶球;一对一攻防	防守选位与盯人;正面抢截球;二过一
介绍内容	足球场地,比赛主要规则	比赛主要规则	比赛主要规则
课课练内容	速度、柔韧、灵敏等素质练习;牵拉动作;各种踩球、揉球、拨球、拉球、扣球等熟悉球性练习	速度、柔韧、灵敏等素质练习;蛇形跑;牵拉动作;各种踩球、揉球、拨球、拉球、扣球等熟悉球性练习	速度、柔韧、灵敏、力量等素质练习;蛇形跑;牵拉动作;各种踩球、揉球、拨球、拉球、扣球等熟悉球性练习

3.小学足球水平教学计划

表 4-11 水平一足球教学计划(示例)

内容＼课时＼年级、学期	一年级		二年级		合计	比重
	第一学期	第二学期	第三学期	第四学期		
足球基本知识	2	2	2	2	8	11.1％
熟悉球性	1	1	1	1	4	5.6％
运球与运球过人	7	6	5	5	23	31.9％
传接球	3	4	5	5	17	23.6％
射门			1	1	2	2.8％
头顶球						
足球战术						
游戏与比赛	3	3	2	2	10	13.9％
体能练习	结合实践课教学,利用课课练的教学安排进行					
比赛规则	结合游戏与比赛等有关内容,以及在足球基本知识教学中进行					
机动	2	2	2	2	8	11.1％
合计	18	18	18	18	72	100

说明:本示例是按照每周安排一次足球课,每学期有 18 周编制的水平教学计划,考虑到各地各校的教学实际,安排了 2 节机动的时间。在各项内容的安排上,运球及运球过人所占的比重最大,比较符合一、二年级学生的身心特点。计划中的学时数为学生在一个学期中总的学习时间,可以将内容分散到若干次课中,并不意味着每节课都是采用单一的教学内容。根据教学内容的实际需要,既可以在一节课中教授单一完整的教学内容,也可以在一节课中安排 2 项或更多的学习内容。对于熟悉球性的内容,除了安排专门的内容进行教学,还应该在每次课的准备活动或者结合足球技术的教学进行练习,切实提高学生的球感和控球能力。游戏和比赛的内容除了安排专门的课时进行教学,还可以在足球技术的教学中采用游戏以及改变或简化规则的比赛方法进行教学。此外,如果学校不具备每周一次足球课的条件,可以根据实际情况缩减每个学年和每个学期中的总学时数,每项内容的学时数亦做相应的调整。

(二)小学足球学期教学计划的制订

足球学期教学计划可以根据学校的不同情况,按照校园足球特色学校的要求,每周安排一节足球教学课,也就是要设计一个18次教学课的学期教学计划。

表 4-12　小学一年级第一学期校园足球教学计划(示例)

学期目标	运动参与:在游戏和各种比赛中对学生进行足球技术动作和足球意识的启蒙教育教学 运动技能:熟悉球性,提高球感和运、控球的基本能力,学习足球基本技术(多种方法的运、控球技术)。通过各种形式的比赛,使学生领会进球和阻止进球这一足球比赛的基本战术思想 身体健康:培养正确的身体牵拉动作,发展身体运动的协调性和柔韧性。 心理健康与社会适应:在足球活动中体验到乐趣,乐于和同学一起参加足球运动	
周次	教学内容	技能目标
1	运球:脚背正面运球	了解和体会足球脚背正面运球的技术动作
2	运球:脚背正面运球	基本掌握足球脚背正面运球的技术动作
3	运球:脚背外侧运球	了解和体会足球脚背外侧运球的技术动作
4	运球:脚背外侧运球	基本掌握足球脚背外侧运球的技术动作
5	运球:脚背内侧运球	了解和体会足球脚背内侧运球的技术动作
6	运球:脚背内侧运球	基本掌握足球脚背内侧运球的技术动作
7	运球:三种运球技术的运用	了解和体会利用三种不同脚法进行变向运球
8	运球:三种运球技术的运用	基本学会利用三种不同脚法进行变向运球
9	横拨球	了解和体会横拨球的技术动作
10	横拨球	基本掌握横拨球的技术动作
11	后拖球	了解和体会后拖球的技术动作
12	后拖球	基本掌握后拖球的技术动作

续表

周次	教学内容	技能目标
13	左右脚向外侧拖球	了解和体会左右脚向外侧拖球的技术动作
14	左右脚向外侧拖球	基本掌握左右脚向外侧拖球的技术动作
15	左右脚向内侧拖球	了解和体会左右脚向内侧拖球的技术动作
16	左右脚向内侧拖球	基本掌握左右脚向内侧拖的技术动作
17	测试： 1.脚背外侧运球 2.横拨球 3.后拖球	测试学生本学期学习运、控球技术动作，以了解学生掌握足球技术动作的水平
18	机动	
评价指标	1.运球 2.横拨球 3.后拖球 4.30米快速跑	

表 4-13　小学一年级第二学期校园足球教学计划（示例）

学期目标	运动参与：在游戏和各种比赛中对学生进行足球技术动作和足球意识的启蒙教育教学 运动技能：熟悉球性，提高球感和运、控球的基本能力，学习足球基本技术（多种方法的运、控球技术）。通过各种形式的比赛，使学生领会进球和阻止进球这一足球比赛的基本战术思想 身体健康：培养正确的身体牵拉动作，发展身体运动的协调性和柔韧性。 心理健康与社会适应：在足球活动中体验到乐趣，乐于和同学一起参加足球运动

周次	教学内容	技能目标
1	身前拖拨球	了解和体会身前拖拨球的技术动作
2	身前拖拨球	基本掌握身前拖拨球的技术动作
3	身后拖拨球	了解和体会身前拖拨球的技术动作
4	身后拖拨球	基本掌握身前拖拨球的技术动作

续表

周次	教学内容	技能目标
5	运球转体 180°接后拖球	了解和体会转体 180°接后拖球的技术动作
6	运球转体 180°接后拖球	基本掌握转体 180°接后拖球的技术动作
7	左右脚侧身拖球跑	了解和体会左右脚侧身拖球跑的技术动作
8	左右脚侧身拖球跑	基本掌握左右脚侧身拖球跑的技术动作
9	右脚侧身拖球左脚侧停,左脚侧身拖球右脚侧停	了解和体会右脚侧身拖球左脚侧停,左脚侧身拖球右脚侧停动作
10	右脚侧身拖球左脚侧停,左脚侧身拖球右脚侧停	基本掌握右脚侧身拖球左脚侧停,左脚侧身拖球右脚侧停的技术动作
11	外跨外拨球	了解和体会外跨外拨球的技术动作
12	外跨外拨球	基本掌握外跨外拨球的技术动作
13	脚背内侧拨球	了解和体会脚背内侧拨球的技术动作
14	脚背内侧拨球	基本掌握脚背内侧拨球的技术动作
15	左右脚背外侧拖拨球	了解和体会左右脚背外侧拖拨球的技术动作
16	左右脚背外侧拖拨球	基本掌握左右脚背外侧拖拨球的技术动作
17	测试: 1.身前拖球 2.左右脚背外侧拨球	测试学生本学期学习运、控系统足球技术动作,以了解学生熟练动作的水平和动作的规范性
18	机动	
评价指标	1.身前拖拨球 2.左右脚背外侧拨球 3.30 米快速跑	

说明:该示例首先明确了本学期的教学目标,并将各课次足球教学内容进行了排列,以足球技术的学习和足球游戏竞赛为主线,预设了每一课时足球技能教学的目标,以利于合理安排教学内容。该计划既有一定量的重复,又有层次上的递进,体现出逐步提高,螺旋上升的理念。

(三)小学足球单元教学计划的制订

单元教学计划是学期教学计划的深化和具体化,是保证足球教学有目的、有步骤、系统运用的重要依据。足球单元教学计划应对足球教学某项内容的课次划分、教学目标的分层细化、教学重点和难点的设置、教学措施的选择等都要有详细的规划。

表 4-14 小学二年级足球脚背正面运球单元教学计划(示例)

教学目标	1.使学生能说出动作名称,了解动作的运用价值;使学生掌握脚背正面运球的动作方法,80%的学生能用中等以上的速度运球 20 米 2.发展学生的力量、速度、灵敏性等身体素质,提高协调性 3.在学练过程中,培养学生积极进取及团结协作的精神,体验足球运动的乐趣

课次内容	技能目标	教学重难点	主要教学方法及组织
1	初步学习脚背正面运球动作方法,掌握脚触球部位	教学重点:脚触球的正确部位 教学难点:脚推拨球的时机	1.教师讲解并示范脚背正面运球的方法,建立正确动作表象 2.明确本课学习重难点,并提出要求 3.徒手练习(提膝脚下指) 4.触固定球练习(一人踩球,一人练习) 5.要求:支撑脚在球的侧面上步(一步或三步)的触固定球练习 6.慢速进行脚背正面运球练习,并记清抬、指、触、推送的动作要点 7.分组练习,并相互纠正 8.分组检查学练情况

课次内容	技能目标	教学重难点	主要教学方法及组织
2	进一步学习脚背正面运球动作方法,运球成直线	教学重点:运球成直线 教学难点:掌握适合的运球节奏	1.教师带领学生复习动作要点,说出口诀 2.讲解本课学习内容及要求 3.两人一组复习脚背触球的位置 4.脚背正面踢球练习(两人一组) 5.慢速运球练习(分排进行) 6.15米运球练习(沿地上直线进行) 7.20米变速运球(慢—中速或走—慢跑) 8.分排检查练习情况 9.游戏:脚背正面运球接射门游戏
3	继续学习脚背正面运球的动作方法,使65%的学生做到连续运球动作比较连贯	教学重点:适宜的运球力度 教学难点:逐渐抬头运球	1.熟悉球性练习 (1)踩球游戏;(2)推、拉球练习 2.复习动作口诀,提出本课要求 3.在教师统一口令下分排练习(15米) 要求:支撑脚的位置和脚触球的部位正确 4.适当提速进行20米脚背正面运球练习 5.分组练习,并相互纠正动作 6.分组展示,师生共同评价 7.自选组练习(慢、中、稍快、快)
4	改进脚背正面运球的动作方法,使75%的学生能以中等速度连续运球,动作协调连贯	教学重点:在保持脚触球正确部位的基础上,逐渐提高运球速度 教学难点:运球动作自然连贯	1.熟悉球性练习 2.明确本课教学重点,并提出要求 3.集体进行脚背正面运球练习 4.两人一组练习,相互纠正动作 5.在规定的场地上进行变速运球练习:慢速—中速—快速(30米) 6.体会左脚运球 7.运球射门游戏

课次 内容	技能目标	教学重难点	主要教学方法及组织
5	复习巩固脚背正面运球的技术动作,使85%的学生能用中等以上速度连续运球20米	教学重点:在保持脚触球正确部位的基础上,长距离运球保持一定速度 教学难点:抬头运球	1.教师讲解本课学习内容,提出评价标准 2.集体按教师口令分排练习 3.自主结伴练习,相互交流 4.考核 5.教学比赛(运球过人) 6.教师小结学练情况

(四)小学足球课时教学计划的制订

本文以足球脚内侧踢球为例。

1.指导思想与理论依据

本课以"健康第一"为指导思想,以小学足球课教学的基本要求和小学生运动技能形成的规律为理论依据,通过让学生了解脚内侧踢球的动作方法,掌握脚内侧踢球的技术动作。教师主要采取精讲多练、游戏诱导、教师指导的教学方法,兼顾学生的练习密度,提高他们学和练的能力,并让他们体验到学习足球运动的乐趣。

2.教学背景分析

(1)本节课的教学内容是小学三年级的足球脚内侧踢球。

(2)本教学内容共设五次课,本节为第一次课。

(3)教材内容分析。脚内侧踢球技术动作要点,控制支撑脚位置及身体正对出球方向是关键点,髋关节外展用脚内侧触球是技术的成功点。

(4)学生情况分析。三年级学生之前已经学习了一些足球熟悉球性的练习,对足球有了一定的了解,普遍对足球的兴趣较大、模仿能力较强、学习积极性较高,但技术基础较差。另外,三年级学生在认知能力、掌握技术和自主练习等方面有待提高,同时也存在着听讲注意力容易分散,部分学生的身体协调性较差以及掌握动作较慢的问题。

3.单元计划

表 4-15　小学三年级足球脚内侧踢球单元计划

课次	教学内容	教学重点	教学难点
1	脚内侧踢固定球	脚尖正对触球方向	支撑脚立足位置准确
2	脚内侧踢固定球	支撑脚的位置	支撑腿微屈,重心下降
3	脚内侧踢不同方向的来球	脚内侧触球	人与球的位置
4	两人脚内侧传接球	脚内侧触球	出球方向直
5	多人脚内侧传球	支撑脚脚尖对准传球方向	出球方向直

4.学习效果评价设计

表 4-16　小学三年级足球脚内侧踢球学习效果评价设计

优秀	良好	合格
脚内侧踢球时支撑脚踏在球侧,脚尖向前,踢球脚触球后中部	支撑脚位置基本准确,脚触球部位基本准确	积极参与课堂练习,脚内侧踢球稳定性不够

5.本课特点

(1)本课在教师的指导下,充分突出学生主体学习地位;注重培养学生的模仿能力、自主学练能力;注重增进学生之间的情感和友谊。

(2)在利用标志垫讲解技术动作和重点动作时,运用简单、生动的图解配合简要、清晰的讲解,便于学生的理解。

(3)对学生评价时以激励性语言为主,在评价时注意语言的准确性,增强了学生学习足球的自信心,同时帮助他们达到个人目标和养成良好的行为习惯。

表4-17 小学三年级足球脚内侧踢球课时计划

教学内容:1.足球:脚内侧踢球				2.游戏:运球接力赛		
1.学习脚内侧踢球动作方法,运用多种练习方法让学生领悟脚内侧踢球动作要领;使学生进一步熟悉球性,提高球感和传接球基本能力						
2.发展学生灵敏素质和协调、平衡及奔跑的能力						
3.培养学生对足球的兴趣,发展自信心,改善对学习的态度,体验成功的快乐						
部分	课的内容	次数	时间(分)	组织教法与要求		教学内容与方法
开始部分	一、集合整队 二、师生问好 三、宣布学习内容(了解学生身体情况) 四、运球游戏:听指挥	2	2	组织队形:"U"形站队 要求:静、快、齐 导语:孩子们,下面我们做个"听指挥"的游戏好不好? 教法: 1.教师鼓励学生展示自己的运球技术 2.学生在规定区域内(标志桶4个)练习带球 要求:在控制住球的同时,听信号后做出相应动作		培养学生的组织性和纪律性 培养学生注意能力
准备部分	一、徒手操 1.头部运动 2.肩部运动 3.踝部运动 4.正侧压腿 5.体前屈运动	4×8拍	4~5	组织队形:散点 教法: 1.教师鼓励学生认真做好准备活动 2.教师领做并及时进行指导 3.教师讲解准备活动的重要性 要求:动作认真、用力、充分活动		小组表扬法

部分	课的内容	次数	时间（分）	组织教法与要求	教学内容与方法
准备部分	二、熟悉球性练习 1.左右脚交替踩球 2.左右脚来回挡球	4×8拍	4～5	教法：进行球性练习时，教师及时进行表扬和鼓励 要求： 1.听到做出不同的动作，看谁反应快 2.连续性、踩挡结合（左、右转圈、前进、后退），同时抬头大声报出教师手指所出示的数字 3.动作准确，连贯性好	小组表扬法
基本部分	一、脚内侧踢球 动作方法： 上一步，支撑脚踏在球的侧方约一脚远的地方，脚尖对准出球方向，支撑腿的膝关节微屈，重心稍下降，摆动腿髋关节外展，使脚内侧对准球，以大腿带动小腿快摆击球，击球时，脚腕用力绷紧，以脚内侧击球的后中部	6～8	14	组织队形："U"形站队 教法及要求： 1.教师讲解示范动作（正、侧面），重点强调立足脚一定是跨出去，不是迈出去 要求：仔细观察 2.学生原地模仿练习，教师通过提问，引导出支撑脚向前，集体重复练习，进行改进和熟练 3.利用印有脚印和足球的小垫进行支撑脚站位及踢球动作练习 要求：认真观察脚垫图形，踏准确 4.把足球摆放在小垫上进行有球练习（不要把球踢出去）	培养学生齐心协力的集体主义精神 自主策略

部分	课的内容	次数	时间（分）	组织教法与要求	教学内容与方法
基本部分	教学重点：支撑脚的位置 教学难点：支撑腿弯曲，重心下降	6～8	14	要求：练习认真、动作准确 5.踢固定球练习 教法：(1)两人一组相距3米 (2)不能站在原地不动，双脚要做原地跑动的动作 (3)能力强的同学可以把双方距离拉大进行练习 要求：原地跑3～4步再跨步，支撑脚踏准确	互动策略
	二、游戏：运球接力赛 游戏方法： 1.距离起点线5米处摆放3个标志盘，然后间隔4～6米曲线摆放3～4个标志盘 2.完成两次以后增加难度，间隔2～3米摆放4～6个标志盘	5～6	9	导语：好了，孩子们，刚刚大家练习得真棒，下面老师奖励你们一个游戏 6."钻城门"游戏 教法：(1)学生3人一组脚内侧踢小门游戏，其中一人分开腿当门 要求：①凡是没有踢准门或当球从球门两腿之间穿过，做开合跳 ②看看谁用今天所学的脚内侧踢球的动作完成射门次数多 (2)传完球迅速跑到对面，接球同学接到球迅速运球到对面。重复练习（采用计数比赛进行，增加激烈性也加快了练习密度）	情景策略

部分	课的内容	次数	时间（分）	组织教法与要求	教学内容与方法
基本部分	3.将学生平分为8组，每组在起点线后对应一组标志盘站立 4.游戏开始首先直线运球到第一个标志盘处开始曲线运球，绕过标志盘到达终点后返回，直线带球到第一个标志盘处，将球用脚内侧踢球方法传给下一名同学继续游戏	5～6	9	（3）扮演球门的同学可发挥自己的想象，球门还可以怎么做 组织队形： 教法： ①教师讲解规则与方法 ②学生练习一次比赛两次 要求： ①行进中球不得用手触球 ②遵守游戏规则	培养学生团结、进取和竞争意识
结束部分	一、放松活动：放松牵拉 二、总结本节情况 三、布置收器材 四、宣布下课	1	4	组织队形： 教法： 1.师生练习，充分伸展身体 2.师生共同练习 要求：认真用力、舒展协调	培养学生积极向上的生活作风

续表

部分	课的内容	次数	时间（分）	组织教法与要求	教学内容与方法
课后小结					
场地器材	足球 28 个		做好相关知识的安全措施与指导	平均脉搏预计：130 次/分左右	
				练习密度预计：35%左右	

第二节　初中足球教学体系建设①

一、初中足球教学目标

第一，培养学生对足球运动的兴趣和爱好，使每个学生都能参与其中。

第二，让学生初步了解足球运动的基础知识和足球比赛的基本规则；通过足球游戏，使学生初步掌握足球的几项基本技术和战术，并能在比赛中积极应用。

第三，通过足球游戏和比赛，培养学生的团队协作能力，以及良好的心理品质和社会适应能力。

---

①　人民教育出版社课程教材研究所体育课程教材研究开发中心. 中小学校园足球教师用书(初中)[M].北京：人民教育出版社，2015.

二、初中足球学习内容与课时分配

表 4-18　初中足球脚内侧踢球

学习内容		七年级		八年级		九年级	
		36		36		36	
		上:18	下:18	上:18	下:18	上:18	下:12
足球学习引导、认识足球运动		1	1	1	1	1	1
球性练习	拨球、拉球	1	1	2	2	2	2
运球及运球过人	脚内侧运球 脚背正面运球 脚背外侧运球 左晃右拨运球过人 假踢真扣运球过人	3	3	3	3	4	4
踢球技术	脚内侧踢球 脚背正面踢球 脚背内侧踢球 脚背外侧踢球	1	1	1	1	1	1
接球技术	脚内侧接球（地滚球、反弹球、空中球）	2	2	2	2	2	2
	脚背外侧接地滚球	1	1				
	大腿接球	1	1	1	1		
	胸部接球						
头顶球技术	头顶球（原地、跳）	1	1	1	1		
守门员技术		1	1				
个人战术	个人进攻战术：传球、跑位 个人防守战术：盯人、区域			1	1	1	1

学习内容		七年级		八年级		九年级	
		36		36		36	
		上：18	下：18	上：18	下：18	上：18	下：12
局部战术	局部进攻战术（踢墙式二过一、直传斜插、斜传直插）	2	2				
整体战术	整体防守战术（人盯人防守、区域防守）			2	2	2	2
游戏与比赛		4	4	4	4	5	5
7人制比赛阵型为位置分工、基本规则、裁判法	融入相关技术教学或雨雪天室内体育课进行						

三、初中足球教学计划的制订

(一)初中学年足球教学计划的制订

1.各年级教学内容的类别选择

表 4-19　初中七年级足球教学内容的选择(示例)

类别	熟悉球性	运球与运球过人	传接球	射门	头顶球	游戏与比赛	比赛规则	足球战术
重点内容		★	★				★	
一般内容	★			★	★			
介绍内容							★	
课课练内容	★							

表 4-20 初中八年级足球教学内容的选择(示例)

类别	熟悉球性	运球与运球过人	传接球	射门	头顶球	游戏与比赛	比赛规则	足球战术
重点内容		★	★	★		★		★
一般内容					★			
介绍内容							★	
课课练内容	★							

表 4-21 初中九年级足球教学内容的选择(示例)

类别	熟悉球性	运球与运球过人	传接球	射门	头顶球	游戏与比赛	比赛规则	足球战术
重点内容		★	★	★		★		★
一般内容					★		★	
介绍内容								
课课练内容	★							

2. 各年级教学具体内容的选择

表 4-22 各年级教学具体内容的选择(示例)

学段	七年级	八年级	九年级
重点内容	运球过人;运球突破接脚背正面射门;原地头顶球;2 人传切配合;传抢练习;小比赛	假动作运球过人;一对一攻防;接球→运球→传球;移动中向前头顶球;斜传直插二过一;传抢练习	假动作运球过人;接球→运球→射门;接球→运球→突破→射门;跳起头顶球;直传斜插二过一;传抢练习;小比赛
一般内容	活动中传接球技术;3人传切配合;护球;一对一攻防	进攻跑位与摆脱;防守选位与盯人;跳起头顶球;接球→运球→射门;正面抢截球;合理冲撞抢球	比赛阵型;比赛主要规则;踢墙式二过一

续表

学段	七年级	八年级	九年级
介绍内容	局部进攻与防守战术；小比赛阵型；比赛主要规则	比赛阵型；比赛主要规则	整体进攻与防守战术；比赛主要规则
课课练内容	速度、频率、柔韧、灵敏性等素质练习；牵拉动作；各种踩球、揉球、拨球、拉球、扣球等控球练习	速度、频率、柔韧性、灵敏性等素质练习；蛇形跑；牵拉动作；各种踩球、揉球、拨球、拉球、扣球等控球练习	速度、频率、柔韧性、灵敏性、力量等素质练习；蛇形跑；牵拉动作；各种踩球、揉球、拨球、拉球、扣球等控球练习

3.各学年足球教学计划

表 4-23　初中各学年足球教学计划（示例）

学习内容		七年级		八年级		九年级	
		36		36		36	
		18	18	18	18	18	18
		上	下	上	下	上	下
足球学习引导、认识足球运动		1	1	1	1	1	1
球性练习	拨球、拉球	1	1	2	2	2	2
踢球技术	脚内侧踢球 脚背正面踢球 脚背内侧踢球 脚背外侧踢球	1	1	1	1	1	1
接球技术	脚内侧接球（地滚球、反弹球、空中球）	2	2	2	2	2	2
	脚背外侧接地滚球	1	1				
	大腿接球	1	1	1	1		
	胸部接球						

续表

学习内容		七年级 36		八年级 36		九年级 36	
		18	18	18	18	18	12
		上	下	上	下	上	下
运球及运球过人	脚内侧运球 脚背正面运球 脚背外侧运球 左晃右拨运球过人 假踢真扣运球过人	3	3	3	3	4	4
头顶球技术	头顶球（原地、跳起）	1	1	1	1		
守门员技术	守门员技术	1	1				
个人战术	个人进攻战术：传球、跑位 个人防守战术：盯人、区域			1	1	1	1
局部战术	局部进攻战术（踢墙式二过一、直传斜插、斜传直插）	2	2				
整体战术	整体防守战术（人盯人防守、区域防守）			2	2	2	2
游戏与比赛		4	4	4	4	5	5
7人制比赛阵型与位置分工、基本规则、裁判法	融入相关技术教学或雨雪天室内体育课进行						

　　说明：这是按照每周安排一次足球课，每学期有18周课时的水平教学计划，计划中的学时数为学生在每一个学期中总的学习时间。教师可以将内容分配到若干次课中，且每个学时不必采用单一的教学内容。

(二)初中学期教学计划的制订

学期教学计划应该在水平教学计划的统领下,设定一个明确的教学主题,然后围绕这个主题设置相应的教学内容。每次教学课之间应表现出内容的延续性、递进性与关联性。

表 4-24　初中足球学期教学计划(示例)

学习目标	1.培养学生对足球运动的兴趣和爱好,并积极参与 2.掌握足球运动基本技术和简单的战术配合,在比赛中能加以运用 3.发展学生协调性、灵活性、柔韧性、动作速度、反应速度、起动速度以及有氧耐力,增强体质 4.发展个性,提高自信心和注意力,加强纪律性和责任心,培养主动性和团队精神,以及胜不骄败不馁的精神。
学练内容	1.足球规则:任意球;掷界外球。 2.传接球:脚背外侧踢定位球;脚背外侧接地滚球。 3.运球与运球过人:脚背正面运球;脚背外侧运球;变向过人。 4.抢截球:正面抢截;"二过一"战术配合、一防二。

课时	学习目标	学习内容	重点难点	教学策略	课外拓展
1	1.进一步学习足球规则,提高理论知识 2.在比赛中能正确运用所学知识 3.培养学生尊重裁判服从裁判的意识	足球规则: 1.直接任意球的判罚 2.间接任意球的判罚 3.小比赛	重点: 学生对足球规则的理解 难点: 判罚的尺度及在比赛中的正确运用	1.多媒体教学 2.结合学生已学知识进行相互提问 3.裁判实习	观看足球比赛,并对已学规则进行模拟运用

课时	学习目标	学习内容	重点难点	教学策略	课外拓展
2	1.学习并掌握掷界外球的动作方法和要领 2.能减少在比赛中掷球失误，并从中获得成功的愉悦	1.掷界外球 2.小比赛	重点： 对掷界外球的规则要求 难点： 掷球时的协调用力	1.讲解示范动作（规则对掷外球的要求） 2.模仿练习 3.两人一球，一人原地掷球，一人观察动作是否正确	观察学生掷球违例的主要原因和解决办法
3	1.了解脚背外侧踢球的方法和要领 2.学习并基本掌握脚背外侧踢球技术 3.在配合中体会合作精神	脚背外侧踢定位球	重点： 正确的触球部位 难点： 支撑脚的位置	1.徒手模仿练习 2.两人一球，一人踩住球，一人做踢球练习 3.个人对墙踢的练习	查阅资料，探究脚背外侧踢球的作用以及运用时机
4/5	1.学习并初步掌握脚背外侧接地滚球技术 2.培养学生互帮互助精神 3.学生在运用该技术时能获得成功的体验	脚背外侧接地滚球	重点： 接球变向及衔接动作 难点： 触球瞬间踝关节的放松	1.讲解示范 2.两人一球相距3米左右的一传一接的练习，体会技术动作 3.教师巡回指导及纠错 4.两人一球相距10～20米，做一传一接的练习	比较多种不同接球方法的区别

课时	学习目标	学习内容	重点难点	教学策略	课外拓展
6 / 7	1.学习掌握脚背正面、脚背外侧运球的技术要领,提高运球时对球的控制能力 2.学生能积极思考,敢于克服困难,提高控球水平 3.培养学生自主练习和创新能力,提高控球水平	1.脚背正面运球 2.脚背外侧运球	重点: 跑动时支撑脚的位置 难点: 推拨球的时机和力量	1.教师示范支撑脚的位置及触球脚的动作(比较踢与推拨动作的区别) 2.两人一组的学生模仿练习,并相互纠正错 3.一人一球的慢速运球练习 4.一人一球的中速运球练习	了解脚背正面运球的特点以及比赛中的运用时机
8 / 9	1.学习正面抢截球技术,提高学生抢截球的能力 2.培养学生敢于拼搏的精神	正面跨步抢截	重点: 并脚后的提拉动作 难点: 上抢时机的把握	1.讲解示范 2.学生徒手模仿跨步练习 3.两人一组的相向听信号的上抢练习 4.两人一组的对抗练习	查阅有关资料,了解、懂得抢截球还有哪些技术
10 / 11	1.学习变向过人,初步掌握该技术的动作要领 2.通过练习,培养学生勇敢果断的品质	变向过人	重点: 与对手的位置关系 难点: 变向的时机	1.拉球变向 2.拨球变向 3.组合变向练习 4.两人一组的对抗练习(消极—积极)	通过观察比赛,了解优秀运动员运球变向过人的技术

续表

课时	学习目标	学习内容	重点难点	教学策略	课外拓展
12 / 14	1. 学习并基本掌握进攻战术中"二过一"配合的动作要领 2. 发展学生团结协作的精神 3. 使学生体会在与同伴配合的成功感	1. "二过一"战术配合 2. 直传斜插二过一 3. 斜传直插二过一	重点：传跑的时机 难点：传球的准确性	1. 讲解二过一配合的方法和作用 2. 无球的跑位练习 3. 消极防守的二过一配合 4. 积极防守的二过一配合，结合射门	通过查阅资料或者观看比赛，了解另外几种二过一配合的方法及其在比赛中的重要作用
15	1. 学习并基本掌握防守战术中的"一防二"战术 2. 培养学生勇于知难而进、敢于克服困难的精神	"一防二"战术	重点：一防二时防守者的正确选位 难点：随机应变的能力	1. 讲解与示范（作用与要求） 2. 无球的后撤步法练习 3. 左右来回触标志物移动练习 4. 防里放外的练习	观察在此情况下优秀球员的处理方法
16	1. 培养学生团结拼搏的精神 2. 通过比赛促进学生相互了解和信任，促进身心健康发展	教学比赛	重点：在比赛中合理、灵活运用已学战术 难点：队员间的配合	1. 五人制足球比赛 2. 七人制足球比赛	观察比赛中运动员如何合理运用规则；观察足球比赛中运动员的视野

续表

课时	学习目标	学习内容	重点难点	教学策略	课外拓展
17	1.介绍技术考核方法 2.考核项目的专项练习	宣布技术考核的内容和方法	重点： 教好运用某项技术进行练习 难点： 紧张心理的调适	1.讲解考核的目的与方法 2.自由组合专项练习 3.教育比赛、裁判实习	学会模拟考试情景以及调节心理的方法
18	1.选择某项自己熟练的技术考核 2.在考核中展示自己的运动能力,并提高自己的自信心	技术考核	重点： 调节考试情绪	1.提出考核方法和要求 2.组织技术考核 3.对考核做简单评述	学生进行考核并基本能依据考核标准客观、公正地评价自己及同伴的技术动作质量

(三)初中校园足球课时教学计划

表 4-25　初中足球课时教学计划(示例)

班级		教师		时间	
主题	1.脚内侧踢地滚球　2.脚内侧接地滚球				
知识点	1.脚内侧踢球:①助跑:直线;②支撑:球侧15厘米,支撑脚膝关节微屈,脚尖指向出球方向;③摆腿:以髋关节为轴由后向前摆动,膝踝外转,以脚内侧对准球;④击球:当膝关节接近球体上方时,小腿加速前摆,脚跟前顶、脚型固定,用脚内侧击球的后中部;⑤腿前动作:踢球腿前摆朝目标方向,顺势落地				

班级		教师		时间	
知识点	2.脚内侧接球:判断来球的速度和方向,及时调整身体正对来球,选择好支撑脚位置,膝关节微屈。接球脚根据来球的状态相应提起,膝、踝关节外旋,脚趾稍翘,用脚内侧部位对准来球,触球刹那,接球部位做相应的引撤缓冲或切压动作,将球接控在所需位置上,做好与下一个动作的衔接				
学习目标	1.了解脚内侧踢地滚球和脚内侧接地滚球的动作要点以及在足球比赛中的作用 2.通过多种形式的练习,初步获得正确的动作体验 3.积极参与各项课堂活动,激发学习的兴趣 4.提高身体运动能力,培养自主学习的能力和交往能力				
情景创设	1.导入部分:创造学习情境;2.自主学习:创设探究情境;3.合作学习:创设交流情境;4.效果评价:创设激励情境;5.强化练习:创设竞争情境				
导部分8′	课堂常规:集合,整队,宣布本次课的教学主题和任务 2.准备活动 2.1　专门性准备活动,熟悉球性练习和牵拉练习 2.2　7人一组5对2传球抢截游戏 3.教师依据教学挂图,讲解、示范脚内侧踢球技术				
自主学习10′	1.学生要解决的问题:脚内侧踢球动作正确 2.教师提示:提示在传球抢截练习中脚内侧踢球的体会,讲解两人一球的模仿练习方法,并分配场地和练习队形 ○　○　○　○ ○　○　○　○ ▲ 3.练习要求:2人一球,相互配合进行练习,并敢于提出疑问				
合作学习10′	1.集中教学,教师依据教学挂图,讲解、示范脚内侧接地滚球技术,建立正确的动作概念 2.合作小组的组成:按运动技术能力把学生分成6~7人的固定小组,小组内再分成3~4人的小组 3.合作学习要解决的问题:3人一组,踢球、接球动作连续练习 练习要求:练习时应该相互交流、讨论,鼓励对相关技术进行尝试及改进,鼓励提出各种问题				

续表

班级		教师		时间	
强化学习 15′	强化练习要解决的问题：5 对 2 传球抢截游戏 1. 在规定的方位内进行练习 2. 不允许一脚传球 3. 同伴之间要相互呼应，呼出声音				
结束 2′	1. 讲评 2. 体育委员收器材				
器材	足球 25 只　　　　场地：足球场 1 块				
课后小结					

第三节　高中足球教学体系建设[①]

一、高中足球教学目标

根据《普通高中体育与健康课程标准（实验）》和《全国青少年校园足球教学指南（试行）》的有关要求，结合高中学生的特点和需要，表 4-26 列出了高中足球教学目标和相关要求，供教师参考。

表 4-26　高中足球教学目标（示例）

学习方面	具体要求
运动参与	1. 引导学生积极参与校内外的足球赛，培养学生主动参与足球比赛的习惯和爱好 2. 引导学生坚持足球锻炼的良好习惯

---

①　人民教育出版社课程教材研究所体育课程教材研究开发中心.中小学校园足球教师用书（高中）[M].北京：人民教育出版社，2015.

续表

学习方面	具体要求
运动技能	1.使学生充分了解足球基础知识,较深刻地认识足球运动的价值,懂得欣赏足球 2.使学生进一步巩固和提高足球技战术水平,初步认识足球技术的原理,提高在对抗条件下的足球技术能力与战术能力,建立时空概念和位置意识,了解整体攻防要素 3.使学生在各种形式的小型比赛及 11 人制的正规比赛中进一步增强技战术的运用能力,提高战术素养,掌握参加比赛的技巧和策略
身体健康	1.全面发展学生的灵敏性、速度、耐力和柔韧性等身体素质 2.学会足球运动伤害事故的预防和紧急处理办法,掌握在足球比赛对抗中的自我保护方法
心理健康与社会适应	1.培养学生勇敢顽强,坚持不懈的意志品质和团结协作的团队精神 2.提高学生情绪的调节和行为的自控能力 3.提高学生的遵守规则和公平竞争的意识,具备良好的体育道德

二、高中足球学习内容与课时分配

表 4-27　高中足球学习内容与课时分配(示例)

学习内容	高一年级		高二年级		高三年级	
	36		36		27	
	18	18	18	18	18	9
	上	下	上	下	上	下
足球学习引导,认识足球运动	1	1	1	1	1	
各种熟悉球性练习 多部位颠球练习	1	1	1	1	1	

学习内容	高一年级		高二年级		高三年级	
	36		36		27	
	18	18	18	18	18	9
	上	下	上	下	上	下
传、接、运、射的综合练习与运用	2	2	1	1	1	1
运球及运球过人	2	2	2	2	2	1
守门员技术	1	1	1	1		
定位球攻防战术（二过一配合、三人进攻配合）	2	2	3	3	2	1
整体进攻战术（边路进攻、快速反击）及整体防守战术（混合区域防守）	2	2	2	2	2	2
游戏与比赛	4	4	5	5	5	4
基本规则、比赛方法及裁判法	1	1	1	1	2	

三、高中足球教学计划的制订

（一）高中足球学年教学计划的制订

1.各年级教学内容的类别选择

表 4-28　高一年级足球教学内容的选择（示例）

类别	熟悉球性	运球与运球过人	传接球	射门	头顶球	游戏与比赛	比赛规则	足球战术
重点		★	★			★		
一般内容	★			★	★		★	★
介绍内容								
课课练内容	★							

表 4-29　高二年级足球教学内容的选择(示例)

类别	熟悉球性	运球与运球过人	传接球	射门	头顶球	游戏与比赛	比赛规则	足球战术
重点内容		★	★	★		★		★
一般内容					★		★	
介绍内容								
课课练内容	★							

表 4-30　高三年级足球教学内容的选择(示例)

类别	熟悉球性	运球与运球过人	传接球	射门	头顶球	游戏与比赛	比赛规则	足球战术
重点内容		★	★	★		★		★
一般内容					★		★	
介绍内容								
课课练内容	★							

2.各年级教学具体内容的选择

表 4-31　各年级足球教学内容的选择(示例)

学段	一年级	二年级	三年级
重点内容	假动作运球过人;一对一攻防;定位球射门;组合技术;接球→运球→传球;移动中向前头顶球;斜传直插二过一;传抢练习	假动作运球过人;组合技术;接球→运球→射门;接球→运球→突破→射门;跳起头顶球;直传斜插二过一;传切配合;传抢练习;小比赛	组合技术;接球→运球→射门;接球→运球→突破→射门;踢墙式二过一;传抢练习;进攻跑位与摆脱;防守选位与盯人;小比赛;比赛阵型

续表

学段	一年级	二年级	三年级
一般内容	活动中传接球技术；传切配合；掷界外球	进攻跑位与摆脱；防守选位与盯人；跳起头顶球；接球→运球→射门；正面抢截球；合理冲撞抢球	比赛主要规则
介绍内容	局部进攻与防守战术；小比赛阵型；比赛主要规则	比赛阵型；比赛主要规则；角球战术	整体进攻与防守战术；定位球战术；比赛主要规则
课课练内容	速度、频率、柔韧性、灵敏性等素质练习；牵拉动作；各种踩球、揉球、拨球、拉球、扣球等控球练习	速度、频率、柔韧性、灵敏性等素质练习；蛇形跑；牵拉动作；各种踩球、揉球、拨球、拉球、扣球等控球练习	速度、频率、柔韧性、灵敏性、力量等素质练习；蛇形跑；牵拉动作；各种踩球、揉球、拨球、拉球、扣球等控球练习

3.各学年足球教学计划

表4-32　各学年足球教学内容的选择(示例)

年级、学期 内容、时数	一年级		二年级		合计	比重
内容时数	第一学期	第二学期	第三学期	第四学期		
运控球类	3	2	2	2	11	15%
传接球类	4	4	3	3	14	18%
头顶球类	2	2	2	1	7	10%
射门类	3	3	3	3	12	17%
战术类	4	3	4	5	16	21%
专项素质类	融入每节课	融入每节课	融入每节课	融入每节课		
游戏类	融入每节课	融入每节课	融入每节课	融入每节课		
比赛类		2	2	2	6	8%

年级、学期 内容、时数	一年级		二年级		合计	比重
内容时数	第一学期	第二学期	第三学期	第四学期		
考核	2	2	2	2	8	11%
合计	18	18	18	18	72	100

说明:这是按照每周安排一次足球课,每学期有18周课时的水平教学计划,计划中的学时数为学生在每一个学期中总的学习时间。教师可以将内容分配到若干次课中,且每个学时不必采用单一的教学内容。

(二)高中学期足球教学计划的制订

学期教学计划应该在水平教学计划的统领下,设定一个明确的教学主题,然后围绕这个主题设置相应的教学内容。每次教学课之间应表现出内容的延续性、递进性与关联性。

表4-33　高二年级第一学期足球教学内容与课时安排(示例)

类别	主教材	搭配教材	课时建议
颠控球			融入每节课
运球与运球突破	假动作过人;一对一攻防	传接球	2
传接球	接球→运球→传球	运球过人;二过一战术	3
射门	接球→运球→射门	运球过人;传接球	3
足球规则	比赛主要规则(场地名称、直接任意球、间接任意球、球门球、角球)		结合教学比赛
头顶球	移动中向前头顶球	运球过人;传球抢球游戏	2
足球战术	二过一战术;传球配合;一对一攻防	传接球;传球抢球游戏	4

续表

类别	主教材	搭配教材	课时建议
游戏与比赛	传球抢球游戏 多种形式比赛	足球竞赛规则	2
考核	20米运球绕杆计时（秒）、10米传接地滚球（次）、坐姿顶自抛球 颠球		2

(三)高中校园足球课时教学计划

表 4-34　高中足球课时教学计划(示例)

教学内容	足球:1.个人技术 　　　2.进攻战术:边路进攻			
学习目标	1.积极参与活动和练习,能在足球学习中体验乐趣,在运动中表现自我 2.熟悉球性,巩固和提高对球的控制能力;了解边路进攻技术,培养战术意识 3.发展足球专项身体素质,学会利用足球运动锻炼身体的方法 4.学会与同伴合作,发挥团队协作精神,提高人际交往能力			
热身练习	1.课堂常规 2.提出分组方案（同质分组） 3.监督与指导	1.分组 2.在组长的带领下进行热身练习	1.充分活动关节和肌肉,逐渐进入运动状态 2.探究热身活动的主要目的	1.活动范围:足球场 2.活动方式:分组进行热身练习
复习个人技术	1.提供技术练习方法 ①行进间传接球练习组合 ②运球过人练习 ③球性练习 2.组织练习并提供技术指导	1.分组 2.按照练习方案进行练习并轮换 3.小组交流与讨论	1.体验不同的足球技术,提高对球的控制力 2.探究制约自己技术进一步发展的因素	1.因人而异、因组而异,有重点地练习某项技术或技术组合 2.重点:针对性、目的性强

续表

教学内容	足球:1.个人技术 　　　2.进攻战术:边路进攻			
复习进攻技术:踢墙式二过一	1.提供练习方法: ① 跑位练习,传球—跑位结合练习 ② 接球—传球结合练 2.组织分组练习 3.组织讨论并讲解、示范	1.按教师提供的练习方法进行练习 2.讨论、总结练习的效果 3.尝试用自己的方法进行练习	1.体验合理运用战术获得成功时的乐趣,在运动中增强自信心 2.探究如何提高与同伴间的默契配合程度	1.重点:传球准确,要有提前量;跑位及时到位,要人球兼顾 2.难点:传跑配合默契,传球具有隐蔽性
复习进攻技术:边路进攻	1.结合学生已有的经验进行讲解、示范 2.提供练习的方法和方案:四人一组进行练习 3.提供技术指导并组织讨论和展示球、角球	1.分组:四人一组 2.边路进攻(无防守);中路两人包抄抢点射门 3.小组讨论、展示	体验与同伴默契配合获得成功的感觉,理解团队合作的重要性	重点:传球的准确性与针对性;包抄跑位及时;对球的状态判断正确 难点:在运动中做出正确的判断并及时调整
专项身体素质练习:下肢力量、腰腹肌力量	1.提供器材与练习方法:介绍发展下肢力量和腰腹肌力量的若干练习 2.监督与指导	根据教师的建议进行分组练习相互交流,尝试用不同的方法进行练习	1.体验肌肉用力的感觉及不同的练习方法和负荷对肌肉的刺激程度与效果 2.探究适合自己的练习方法	1.下肢练习:各种连续跳跃和负重练习 2.腰腹肌练习:不同姿势的仰卧起坐练习

续表

教学内容	足球:1.个人技术 　　　2.进攻战术:边路进攻			
放松练习	1.介绍放松练习的要领 2.提供若干个放松练习的方法 3.利用放松练习时间小结本课	1.了解放松练习的要领和作用 2.根据教师提供的方法进行放松 3.参与小结本课	1.体验不同练习对身体放松的效果 2.探究适合自己的放松方式	养成每次较大运动量的活动之后进行放松练习的习惯

第四节　高校足球教学体系建设①

一、高校足球教学目标

高校足球教学目标根据足球课程类别的不同也有一定的差异。在我国,由于高校教学理念的不同,足球教学目标在阐述上有一定的差异,但从根本上来说差异并不大。为了更加具体地分析高校足球教学体系建设情况,本书特以聊城大学体育学院为例,对该校的足球教学体系建设情况进行了说明。

聊城大学体育学院在足球课程设置上主要有足球普修课与足球专修课(或称为专选课)两种,其课程教学目标如下:

足球普修课教学目标:培养学生进行足球比赛所需的实用性技战术与技能,使其具备一定的足球教学与训练能力,掌握从事足球比赛的组织与管理能力、科研能力、裁判能力。

---

① 聊城大学体育学院官网 http://tyxy.lcu.edu.cn。

　　足球专选课教学目标:使学生全面系统地掌握和提高足球运动的技战术水平,培养学生良好的足球意识,不断提高运动训练水平,在主修项目上达到或接近一级运动员水平;并使学生系统地掌握足球运动的基本理论和基本知识,培养学生能够理论联系实际,提高学生的技战术分析能力和讲解纠错的能力,掌握专项教学和训练的一般理论与方法及特点,学会制定各种教学训练文件,胜任专项教学、训练工作以及社会性专项活动开展与指导工作。重点培养和发展学生组织运动竞赛的能力、组织和实施专项教学训练工作的能力、裁判能力以及从事专业工作所需要的创新与实践活动能力。

二、高校足球学习内容与课时分配

　　聊城大学体育学院足球课程学习内容与课时分配如下。

（一）普修课学习内容与课时分配

普修可主要分为理论和实践两部分。
理论部分主要学习：

足球运动概述	2 学时
足球技战术教学	2 学时
足球运动裁判规则及裁判法	2 学时
足球运动的竞赛组织编排	2 学时

实践部分主要学习：

足球运动的基本技战术	30 学时
足球运动的比赛能力	8 学时
足球运动所需要的身体素质	4 学时
足球运动的裁判能力	4 学时

（二）专选课学习内容与课时分配

专选课主要分为理论学习、技术学习和技能培养三部分。

理论部分主要学习：

足球运动概述	2 学时
足球技、战术分析	12 学时
足球运动员身体训练	4 学时
足球规则与裁判法、竞赛组织	6 学时
青少年足球教学与训练	2 学时
足球科研工作方法	4 学时
足球运动教学概述	2 学时
足球运动技术教学的综合知识	8 学时
足球运动训练的内容与方法	6 学时

技术部分主要学习：

身体素质训练	20 学时
足球基本技术	65 学时
足球基本战术	65 学时
教学比赛意识与能力	34 学时
裁判执法能力与配合等	10 学时

技能培养部分主要包括：

足球教学与训练实习	30 学时
足球运动竞赛的组织与编排活动	12 学时
足球俱乐部的实践活动	6 学时
有关足球运动的小型科研活动	4 学时
足球运动各专项技术演示活动	2 学时
足球运动知识竞赛活动	2 学时

三、高校足球教学计划的制订

聊城大学体育学院足球普修课程有 54 学时。由于篇幅限制，本书只简单介绍第 1 个课时教学计划的制订。

表 4-35　高校足球教学计划(示例)

日期：　　年　　月　　日　　　　　　　　　　　　　授课教师：

班级		第一周	场地器材	足球场
人数	男	第 1 次课		××个足球(每人一球)
	女			

教材内容	1.熟悉球性的练习 2.学习脚背正面颠球 3.学习脚背外侧运球	教学任务或教学目标	1.熟悉和提高球性 2.掌握脚背正面颠球技术 3.掌握脚背外侧运球技术

重点难点	重点是脚背正面颠球技术的练习;难点在于脚背外侧运球的掌握

教学过程	教学内容和达成目标	教学组织与方法		练习	
		教师教法	学生学法	次数	时间
准备部分	1.检查人数,介绍、宣布本次课的主要内容 2.徒手体操 1)伸展运动 2)腹背运动 3)转体运动 4)踢腿运动 5)正压腿 6)侧压腿	教师先做示范,后发出口令指挥学生	学生成两列横队 ××××××× ××××××× ▲ 成两列横队体操队形散开,要求动作整齐、协调		5 10
基本部分	1.熟悉球性练习 右拉左内推,左拉右内推 右拉左外推,左拉右外推 右外推内扣,左外推内扣 右拉左拨左内推,左拉右拨右内推 两脚交替横拉、后拉 脚底拉球、脚背正面挑球 目标:建立对球的初步感觉	1.教师先讲解脚的各部位的名称及球的各部位 2.教师先示范,讲解后再开始练习 3.示范时要采用分解动作,让学生先分解练习后,整个动作连贯练习	1.学生成两列横队按体操队形站立 2.先看示范,然后进行练习 3.动作要求协调、有节奏 ×××××| ×××××| ×××××|　→ ×××××| ×××××|		20 20

续表

教学过程	教学内容和达成目标	教学组织与方法		练习	
		教师教法	学生学法	次数	时间
基本部分	2.学习脚背正面颠球 要求:上身放松,做好脚上挑动作 目标:学会脚背正面颠球技术	1.示范,讲解,再示范 2.全面照顾,重点帮助差的同学 3.在练习过程中找一两个掌握好的同学示范,提高同学学习的信心	每人一球进行练习 1.无球的模仿性颠球动作练习 2.一抛一颠或一抛两颠 3.单脚连续颠几次后让球落地反弹后再颠 4.两脚连续交替颠		20
	3.学习脚背外侧运球 要求:步幅小,重心跟上,推时看球,推后抬头 目标:学会脚背外侧运球技术	1.教师先示范,讲解后再开始练习 2.示范时要采用分解动作,让学生先分解练习后整个动作连贯练习	1.学生每人一球,四人一组,每人间距 1米,一组运球后,另一组再运 2.由走步运到慢跑运到快速运,由单足运球过渡到两足交替运球 3.由两步一推到一步一推 4.掌握较好时让其自由运球		20 20
结束部分	1.慢跑 2.小结	就本次课的情况进行总结	绕球场放松跑	2	5

131

续表

教学过程	教学内容和达成目标	教学组织与方法		练习	
		教师教法	学生学法	次数	时间
作业和参考文献推荐					
病弱处理	在一旁见习、观摩并做好笔记,待身体状态恢复之后,可向掌握较好的学生或老师求学,自觉补上所缺内容。能够进行一般身体素质训练的学生自觉进行一些素质训练,保持身体状态				
课后小结					

第五章　校园足球活动体系建设

第一节　校园足球课外活动简介

一、校园足球课外教学活动的条件

校园足球课外教学活动是校园足球教学的重要环节,活动开展的好坏直接影响校园足球教学的质量。对于足球教师而言,在校园足球课外教学活动中要做到以下三点要求。

第一,要制订明确的计划和安排,包括时间安排、物质保证,诸如经费、教室、图书、资料、实操的设备等。同时,足球教师在组织、指导开展课外教学过程中,一定要根据学校、学生的实际条件来进行,因地制宜,因时制宜。

第二,应及时争取学校的支持以逐步改善校园足球课外教学的条件,并通过努力取得学校领导和其他人员(如医疗人员、后勤人员等)的积极配合与支持。此外,对于一些校园足球竞赛活动,力争社会企业的赞助,也不失为改善校园足球课外教学条件的一个好办法。

第三,为了保证校园足球课外教学活动持久地开展,必须建立和健全有关的制度。例如,明确校园足球教学活动的计划,是小组长及小组成员应尽的职责。此外,可采用定期竞赛制度、总结评比制度、作品展览和奖励制度等,充分调动学生的积极性和主动性。

二、校园足球课外教学的主要形式——第二课堂

(一)校园足球第二课堂简介

校园足球第二课堂是在校园足球课堂教学以外的时间,学生在足球教师的组织带领下所进行的旨在加深校园足球基础知识、提高校园足球技能、培养校园足球职业素质等的一切教育活动。校园足球第二课堂是校园足球第一课堂的延伸和补充。将二者结合,进行系统性、综合性的考虑与设计,以及科学地规划与组织,是提高校园足球教学效果的重要途径。

就内容来说,校园足球第二课堂不受足球教师既定教学计划和教学大纲的限制,有较大的伸缩性;就方法来说,它结合学生课外活动的特点灵活实施,具有很大的灵活性;就组织形式来说,它可以是集体活动,也可以是个体活动。总之,它以灵活、广泛、新颖的特质,发挥着第一课堂无法代替的作用。

在校园足球教学过程中,第二课堂的人数不宜过多,一般为20人左右。同时,一般是由专业足球教师开展的教学活动,其活动场地和条件各校的情况不一。有的学校有专业教室和器材,可以利用多种材料和形式开展第二课堂活动;有的学校则只能利用普通教室开展第二课堂活动。近几年,随着我国党和政府对校园足球的投入加大,显著改善和提高了校园足球第二课堂的硬件设施。

(二)校园足球第二课堂开展的基本因素

1.第二课堂活动中的足球教师

在学校开展校园足球第二课堂的过程中,足球教师是当之无愧的主导者、设计者与引路人。一般来说,校园足球第二课堂的学习内容,主要根据学校的要求和足球教师的专业特点来选择,

特别是足球教师的专长更是校园足球第二课堂教学内容的首选。这是由于足球第二课堂教学没有严格的课程标准和教材可以依据,这就要求足球教师根据自身的专业特长、学校的具体条件和学生的年龄、特征和爱好,有计划、有目的地制订教学内容、教学目标、评价标准,并设计可行的教学活动方案。因此,校园足球第二课堂活动的组织和开展,是对足球教师综合能力的重要考验。

从另一个角度来讲,对于大部分学校而言,开展校园足球第二课堂的要求比起校园足球课堂教学要宽松得多,足球教师更容易在活动组织和教学中发挥主观能动性。但与此同时,由于校园足球第二课堂没有明确的规定也可能让一些足球教师失去外在压力而增加教学的随意性,难以保证教学的质量和效率。基于此,足球教师一方面要挖掘自身特点,发挥自身专长;另一方面要积极学习,提升自身的职业技能,抓住校园足球第二课堂教学的热点问题加以研究和实践。另外,足球教师还要努力向学校争取尽可能多的支持,为校园足球第二课堂的组织与开展创造更好的教学条件。

2.第二课堂活动中的学生

在校园足球第二课堂中,学生是活动的主要中心和主体。因此,足球教师应该尽可能考虑到每位学生的特点,因材施教,并且时刻关注学生这一主体的发展和变化,注意保护和提高学生的学习兴趣并逐渐培养学生的实践能力。

参加第二课堂的学生一般都是自主选择、自愿参与的,学生对学习校园足球具有较为强烈的愿望,期待通过每一次活动得到收获。因此,足球教师要分析学生的特点,定期进行总结,使学生认识到自己通过校园足球第二课堂提高了哪些能力、发现了哪些问题。足球教师应该针对学生的这些变化,随时调整教学内容和教学策略,帮助他们改进不足,引导他们在学习过程中不断开发自身的潜能,促进校园足球第二课堂教学质量的提高。

3.第二课堂活动中的学校

校园足球第二课堂一般由分管此项工作的副校长或主任负

责,它开展的效果与学校的组织与领导息息相关。开展校园足球第二课堂需要明亮宽敞的教室、完善的足球场地与器材。学校的主要任务就是为校园足球第二课堂搭建平台,从资金、环境、设备等方面给校园足球第二课堂活动创设良好的外部环境。当然,如果学校经济能力有限,组织、开展校园足球第二课堂的足球教师也应该从实际情况出发,择优设计适合学生的活动方案。

三、校园足球课外教学活动的组织方法

校园足球课外教学活动是校园足球教学大纲所规定的,是学校发展校园足球运动水平、足球教师提高校园足球教学质量的基本工作之一。学校领导应当积极支持、帮助足球教师开展校园足球课外教学活动,而足球教师则应该义不容辞地担任校园足球课外教学的指导教师并且努力工作。具体而言,组织校园足球课外教学活动一般应符合以下几点要求。

（一）自愿报名,择优录取

校园足球社团、俱乐部、学习小组等都是校园足球课外活动组织,它不受年级、班级、性别的限制,面向全体学生。在学生自愿报名的情况下,校园足球课外活动小组的报名人数可能会超过小组的容量,这就需要有一个选拔的标准。

首先,参加校园足球课外活动小组的学生尽可能是文化课成绩在良好以上的学生,因为这一类学生不会因校园足球课外活动而影响文化课的成绩。对于部分文化课成绩欠佳而对校园足球运动特别感兴趣的学生,也可以先允许他参加校园足球课外活动小组,但要以保证学好文化课为条件,并与他的班主任和家长取得联系,使之成为一种动力督促其文化课进步。一旦文化课成绩出现不及格现象,应坚决劝其退出校园足球课外活动小组。

其次,参加校园足球课外活动小组的学生最好有一定的足球运动能力。对于学生足球能力的考查办法一般有:①看学生平时

足球运动的表现;②看学生以往足球比赛的表现与获奖情况;③对于无法证明其足球能力的学生,可以进行简单的现场考核。

(二)制订计划,讲究实效

校园足球课外教学同校园足球课堂教学一样,在活动前就应制订好教学计划,具体包括:组织几个课外活动小组、各组的教学目标与任务、活动的时间安排、活动地点、活动的形式(如课堂教学、参观、外出实践、布置展览、专家讲座等)、具体教学计划、需要添置的材料与设备等,还需要制订小组的制度和纪律规范标准等。

制订计划时,必须严肃认真,周密可行。计划应请学校内的校园足球教研组讨论通过并报学校领导批准执行。从活动开始到结束,要定期总结所做的工作及其特点,检讨存在的问题与不足,并提出今后的计划。

(三)积极争取各方支持

一般情况下,校园足球课外活动小组主要是在足球教师的指导下开展活动的,但是实际上经常会与校内外方方面面发生联系,需要他们在组织领导、活动场地、活动用品、活动时间、活动资金等方面的大力支持和帮助。例如,在校内,需要班主任、学生组织或团组织、学校党政领导的配合与支持;在校外,需要得到学生家长的理解和配合,有时还可以与地方企业单位取得联系,争取他们的支持。

第二节 校园足球运动员的选材

一、身体形态

身体形态是校园足球运动员选材的重要内容之一。其重要性,就在于身体形态是从事校园足球运动各项目训练的物质基础,是掌握校园足球各项技术与战术的基本生物力学条件。

(一)身高

身高是反映人体纵向发育水平的重要标志。在校园足球运动员选材中,对学生身高的测量,不仅是评价学生生长发育水平和计算他们身体形态指标(如身体密度质量、躯干与下肢长比例等)的重要依据,而且能够体现他们是否适合校园足球运动。[①]

一般而言,身材高的学生下肢相对也较长,而下肢较长则有利于注重走、跑、跳等动作的足球运动。这是因为身材高的学生能够获得更大的步幅,起跳腾空前时的身体重心也比较稳定。

由此可见,身材高的学生比较适合校园足球运动,故在校园足球运动员选材时,对学生的身高测量非常重要。

学生身高变化,不仅受环境影响,更受父母遗传基因的制约,故要把遗传的影响放在首位考虑。目前预测学生身高较可行的方法是采用骨龄预测,也可采用我国学者王路德等根据遗传学理论建立的身高预测公式(身高单位:cm)。

儿子身高=59.699+0.419×父高+0.265×母高

女子身高=43.089+0.306×父高+0.431×母高

值得说明的是,并不是说身材高的学生一定适合校园足球运动,上面所说的注重学生的身高,只是从校园足球运动员选材时对学生身高标准的一个宏观考虑,并没有绝对性。

(二)下肢长

校园足球运动员不但要有一定的身材高度,还要有较长的下肢,且非常健康。这是因为,较长的下肢可以形成较高的重心轨迹和较大的动作幅度,从而创造良好的运动生物力学条件,有利于克服自身体重的影响,从而较好地发挥速度及节省能量。

---

① 李志强,赵广才.青少年运动员科学选材手册[M].广州:华南理工大学出版社,2008.

下肢长主要受遗传基因控制,遗传度男性为 77%,女性为 92%。此外,在生长发育过程中下肢长的变化男女也有差异,女性在 11—13 岁之间增长最快,14 岁后趋于稳定;男性在 12—15 岁之间增长最快,16 岁后趋于稳定。

校园足球运动员选材时,足球教师运用×100%的比值指标,可反映学生下肢长度和身体重心的高度。从形态学的角度评价,当该指数为 55%时,反映上下肢等长,56%为下肢较长,57%为下肢明显长。

二、生理机能

科学研究与校园足球运动训练实践均表明,运动员生理机能的发展水平,将直接关系到其运动素质的发展和运动成绩的最终表现。因此,足球教师在进行校园足球运动员选材时,对学生与校园足球运动密切相关的生理机能水平的评定,是判断一个学生能否成为校园足球运动员的关键指标。

(一)心率和血红蛋白

心率是指心脏每分钟搏动的次数,它以次/分来表示。选材时,常用安静心率、最大心率、运动后的心率恢复速度来评价学生的心率状况。安静心率一般测学生早晨起床前的心率。最大心率是指学生极限负荷时的最高心率。最大心率的高低,与学生心脏潜在做功能力的大小相关,最大心率的遗传度高达 85.9%。运动后的心率恢复速度是指学生运动后即刻心率在单位时间内的恢复速度,它反映了学生的心脏机能水平。运动后心率的恢复速度越快,表明该名学生心脏功能越强。在校园足球运动员选材时,足球教师应选择那些安静心率较低、极限负荷时心率较高、运动负荷后心率恢复较快的学生。

血红蛋白的生理功能是运输氧气和二氧化碳,它的含量将直接影响人体的运动能力。人体的血红蛋白含量受遗传的影响,其遗传度高达 99％,特别是它的合成潜力以及它所能达到的最大含量,均受遗传因素的制约。因此,在校园足球运动员选材时,足球教师要格外重视此指标。对于那些本身血红蛋白含量低,在试训过程中运用多种途径与方法仍不能提高血红蛋白含量的学生,应考虑将其淘汰,因为他们不具备承受大运动负荷训练的潜力。

（二）最大摄氧量

最大摄氧量是指人体在极限负荷条件下,呼吸、循环功能达到最高水平时,单位时间里所摄取和利用的最大氧量。其遗传度高达 69％～93.6％。人体最大摄氧量的高低,直接影响到人体的有氧运动能力。校园足球运动需要运动员接受较强的体能训练,对运动员的耐力素质要求较高,而运动员在进行耐力训练时最关键的就是要摄取和利用最大氧量。因而,校园足球运动员选材时,足球教师一定要高度重视该指标。

另外,足球教师在评价学生生长发育高峰阶段的最大摄氧量水平时,要将最大摄氧量绝对值与相对值两项指标同时考虑,这是因为他们正处在生长发育高峰,体重变化较大,极易影响最大摄氧量的相对值。

（三）睾丸酮

对于男性而言,睾丸酮的主要生理功能是促进人体蛋白质的合成,加速人体骨骼肌、骨骼和红细胞的生长,增强人体神经系统的传导能力。男性运动员在进行运动训练时,睾丸酮与力量、训练后疲劳的消除以及运动员心理攻击性的强度有关。所以,在校园足球男性运动员的选材中,足球教师不仅要注意男学生的发育程度,而且更要重视他们的睾丸酮功能是否正常。足球教师要选拔那些身材发育正常,但睾丸酮功能处在该发育阶段正常值上限的男学生。

三、运动素质

运动素质是指人体在运动中所表现出来的速度、力量、耐力等能力。运动素质不但是校园足球运动训练的基础,而且也能间接地反映出与该素质密切相关的人体机能水平。个体运动素质水平的高低,主要受先天遗传的影响,也与后天的环境、训练因素相关。[①]

(一)速度素质

速度素质的遗传度较高(反应速度的遗传度高达 75%,动作速度的遗传度高达 50%),且速度素质水平的高低,基本是先天造就的,后天的改造与提高较为困难,训练的增长百分率较低。因此,在校园足球运动选材中,足球教师应将学生的速度素质评价放在首位,要注意选拔那些具有高步频能力天赋的学生。在具体测评中,足球教师评价学生速度素质水平的方法,可采用测试站立式起跑 30 米和 60 米跑的方法,还可用 60 米跑成绩减去 30 米跑成绩的方法来评定最高速度能力。

(二)力量素质

力量素质的高低,与肌纤维的类型、肌纤维横断面积的大小有关。此外,力量素质的变化,与肌组织的发育相一致。在青春期,人体的肌组织突增,力量素质增长很快。在青春发育期后期,人体的力量素质能达到较高水平。随后,人体的力量素质的增长速度虽然逐渐减慢,但一直能持续到 35 岁左右。

力量素质可分为速度力量、绝对力量。其中,速度力量受遗传因素影响较大;而绝对力量除随着年龄的增长,肌肉横断面积相应增粗、力量自然增大外,更受训练和环境因素的影响。因此,

---

① 刘宇,李群,柳志刚.足球运动数据化初探[M].上海:上海教育出版社,2015.

在校园足球运动员选材中,足球教师对于学生速度力量的选择应给予高度的重视。在具体测评中,足球教师评价学生的速度力量水平通常采用立定跳远等测试手段。

(三)耐力素质

耐力素质的发展水平主要与心血管系统、呼吸系统、运动系统的机能水平直接相关。由于呼吸系统的功能要到 25 岁左右才较完善,心血管系统、运动系统要到 30 岁左右才能定型。因此,校园足球运动员最高水平的表现一般在 24—30 岁左右。但是,耐力水平的奠定,仍在青春发育期,特别是在耐力素质自然增长最快的阶段(男性在 12—16 岁,女性在 11—13 岁),并且,这一阶段是奠定一般耐力素质的关键时刻。到 18—19 岁,耐力素质自然增长趋向稳定。在自然增长进入相对稳定阶段后,凡是耐力素质有潜力的运动员,男性还有 7%,女性还有 10% 左右的提高潜力。

上述三大素质通过训练,提高潜力最大的是力量素质,其中尤以绝对力量提高潜力最大,而相对力量、速度力量提高的难度则较大;其次是耐力,最困难的是速度素质。在学生青春发育期结束后,男性仅有 4%～5%,女性还有 7%～8% 的速度提高潜力。这些特点值得足球教师在校园足球运动员选材中考虑。

四、心理素质

在运动中,只有在良好心理素质的调节和支配下,运动员的身体条件、运动素质、技术与战术才能得到充分的表现。鉴于心理素质的遗传度高,足球教师在校园足球运动员选材中应对学生的心理素质给予高度的重视。一般而言,足球教师对学生心理素质的关注,可从学生的心理过程和个性心理特征(神经类型、个性)两个方面考虑。

（一）学生的心理过程

心理过程主要包括：注意力集中和持久，运动记忆的准确与牢固，运动知觉的广度与深度，运动反应的速度与稳定，运动表象的完整与清晰，运动感觉的敏锐与稳定，运动思维的迅速与实效，以及情感和意志等。上述内容在校园足球运动员的选材中均很重要。

以意志为例。意志是主体为了实现预定的目的而自觉努力的一种心理过程。从运动心理学分析，不同的运动项目对运动员意志品质的选材要求是不尽相同的。对于校园足球运动来说，运动员意志品质要求首要的是顽强性，其次是自制性、果断性及勇敢性。足球教师测评学生意志品质的方法，可通过安排学生参加一场校园足球竞赛进行观察，也可特意给学生一个困难的训练条件和训练环境，然后观察学生是否能够坚持下去，是否抱怨或临阵退缩。此外，足球教师也可以根据校园足球运动的特点编拟心理问卷，对学生进行问卷评定，以问卷结果评价学生的意志品质。

（二）学生的神经类型

从心理学角度来讲，人的神经类型可分为灵活型、稳定型、兴奋型、易扰型、中间型及各种亚型等。不同的神经类型有其各自的特点。

灵活型：反应快、准确，活泼、思维敏捷，接受能力强，富于创造性，具有较强而稳定的工作能力。

稳定型：反应较灵活型慢，但细心、踏实，肯于钻研，思维准确，具有长时间稳定工作的能力。

兴奋型：反应快，但准确性较差，好动，对事物敏感，不易控制自己，具有较强的工作能力。

易扰型：反应较快，但注意力不易集中，粗心，工作能力不够稳定，起伏较大。

在校园足球运动员选材时，足球教师应以灵活型、稳定型为主，当然也不排除兴奋型。

五、运动技术

运动技术是指能充分发挥运动员机体能力的合理、有效的完成动作的方法。在校园足球运动选材时，足球教师应注意以下两点。

第一，要重视学生的运动技术学习能力。评价学生这种能力的教育学内容有：学生是否具有完成不习惯的动作姿势和各种动作的组合能力；学生是否具有改进动作完成的速度、节奏和空间的能力；学生是否具有学习、改进运动技术的能力；学生是否具有在运动游戏或运动竞赛中完成复杂多变动作的能力。

第二，足球教师要注意学生掌握运动技术的稳定性程度。足球教师可让学生在无干扰条件下多次重复某一技术动作，然后观察他们技术动作的稳定程度。当然，对于运动技术较强的学生，足球教师也可以让他们在有外界干扰的条件下，测评其运动技术的稳定程度。

六、足球教师评定

足球教师通过长期的足球运动实践与教学实践，积累了宝贵的选材和育材经验。因此，在校园足球运动员选材中，足球教师的经验评定与学生的身体形态、生理机能、运动素质、心理素质、运动技术有机地相结合，可以更全面地评价学生的整体情况，使校园足球运动员选材工作更趋合理。

第三节　校园足球队的组建与训练

一、校园足球队的组建

(一)组建原则

1.保证运动员水平较高

组建校园足球队时,教练员(一般由足球教师担任,以下内容直接称为教练员,不再称其为足球教师)首先要保证球队拥有最高的整体实力水平。运动员选材时不仅要考虑到运动员的个体实力水平,而且要考虑整个队伍结构、互相配合的实力水平。因此,教练员在组建校园足球队时,有必要对运动员的身体形态、机能、身体素质、技术水平、战术素养、心理品质以及健康状况等诸方面进行综合评价,择优录取。

2.保证合理的人员结构

随着现代校园足球运动的迅猛发展,虽然对运动员的技术水平、战术水平要求越来越高,但竞赛中攻与守的矛盾,得分与反得分的争夺,控制与反控制的较量仍是主要的矛盾。因此,教练员在组建足球队时,必须全面考虑国内外校园足球运动的发展趋势,对球员中的运动员进行合理的组合。例如,教练员要充分考虑到锋线队员、中场队员、后场队员以及守门员都要有一定的比例,在每个重要位置上要配备两名以上运动员形成合理的主力和替补结构。同时,还应重视选拔有某些技术特长的运动员。①

---

① 王崇喜,赵宗跃.足球[M].桂林:广西师范大学出版社,2013.

（二）组队方法

校园足球队的组建一般有这样几种方法。

1.根据现有运动员的情况组队

这种方法是教练员根据现有运动员的身体条件、技术特点和战术配合习惯来组织阵容和确定战术。

2.根据竞赛对手状况组队

这种组队方法是教练员根据竞赛对手情况选拔最合适的运动员组成球队。

3.根据教练员的设想组队

这种组队方法是根据教练员的指导思想、战术打法等设想，选拔符合足球教师要求的运动员组成一支球队。

（三）校园足球队的领导机构

校园足球队必须有一个坚强的领导核心，对球队进行管理和指导。一支优秀的校园足球队比较完整的领导机构是由主教练、领队、助理教练、情报人员和医务人员等若干人组成，为了做好工作还可组成有队长、各组组长参加的核心组。

1.主教练的主要职责

主教练是校园足球队的旗帜和核心，主教练的职责包括：选择好助手，组成校园足球队领导班子，明确职责分工；选拔运动员，制订、落实训练计划和校园足球竞赛方案。

2.领队的主要职责

领队的主要职责是协助主教练做好球队的内外各项工作。例如，协助主教练做好运动员的思想政治工作，使全队思想一致，斗志昂扬；处理好主教练与运动员之间、运动员与运动员之间的各种矛盾，协调好各种关系，使运动员将精力放在球队训练、竞赛中。

3. 助理教练的主要职责

助理教练要完成主教练分配的工作,协助主教练做好各项工作。前锋教练员负责全队的进攻战术和前锋、前卫队员的训练工作。后卫教练员负责全队的防守和后卫队员的训练工作。守门员教练员负责守门员的训练以及守门员与防守队员之间配合的训练工作。体能教练员负责全队的身体训练工作,并参与主教练对训练计划中运动量安排的工作,根据主教练的要求提出实施方案。

4. 医务人员的职责

医务人员的中心工作是保证运动员的身体健康,在训练和竞赛中顺利地完成教练员所布置的各项任务。

伤科医生要处理运动员在训练和竞赛中出现的急性伤病,及时救护并负责其治疗过程;决定受伤运动员伤愈后的恢复训练以及何时可以参加正常训练和竞赛。

按摩师在伤科医生的指导下协助工作。

生理医生的职责是协助教练员在训练中合理安排运动负荷,帮助教练员了解运动员对训练强度的反应,测定运动员各项生理指标的变化,让教练员随时调整运动量,从而使训练取得最佳的效果,使运动员在竞赛中发挥出最高水平。

心理医生的职责是帮助运动员承受训练和竞赛带来的心理压力,利用心理训练手段来提高运动员各项心理素质,以保证其在竞赛中获得最佳的竞技状态。

营养师要根据不同的运动量合理搭配运动员的伙食结构,保证运动员在大运动量训练和高强度的竞赛中发挥自己的水平,并能迅速消除疲劳。

5. 情报人员的职责

情报人员的职责包括:当好教练员的顾问与参谋,广泛收集国内外校园足球竞赛方面的资料和情报,帮助教练员分析众多的对手,参与制订本队的作战方案;对本球队的训练、竞赛次数与结果作统计分析,并根据教练员的实际需要对竞赛过程进行录像。

二、校园足球队的训练内容

校园足球队训练的主要内容有身体训练、技术训练、智能训练、心理训练等。

（一）身体训练

身体训练是指教练员运用各种有效手段和方法,增进运动员身体健康、提高机能能力,改善体型,全面发展身体素质和身体活动能力。

身体训练是运动员进行校园足球技术、战术训练的基础。运动员只有具备良好的身体素质,才可能掌握复杂的、先进的校园足球技术与战术,承担大负荷的训练和激烈的竞赛。

运动员身体训练水平的提高,可以提高他们在正式校园足球竞赛时的稳定性。另外,良好的身体素质基础也帮助他们在训练时预防运动损伤、延长运动时间。

身体训练的主要内容有力量、速度、耐力、柔韧、灵敏。

1. 力量训练

力量是指人体的肌肉在用力过程中克服或对抗阻力的能力。在校园足球队训练过程中,运动员的力量水平取决于多种因素,如肌肉的生理横截面,红、白肌纤维的比例,参加工作的肌肉群数量,肌肉群收缩的协调能力,中枢神经系统发放冲动的强度与频率等。

运动员任何技术动作的表现都是通过肌肉工作来实现的,运动员技术成绩的好坏和肌肉力量的发展水平有直接的关系。同时速度、耐力等其他一些素质的发展也受力量素质的影响。因此,力量是身体训练水平的重要指标。

力量训练注意事项:

第一,力量训练应全年系统地安排,不能无故中断。研究表明,力量的增长很快,但停止练习后消退得也很快,会使已获得的力量按增长速度的 1/3 消退。而逐步增长的力量在训练后保持的时间会长些。

第二,力量素质的发展要全面,处理好大肌群与小肌群的训练。在重视大肌群力量训练的同时,也要兼顾小肌群和远端肢体肌肉的训练。因为小肌群和远端肌肉对完成技术动作来说是最直接的部位。足球运动中许多复杂的技术动作,需要身体各部位许多大小不同的肌群协调工作才能完成。

第三,每次训练应使肌肉充分伸展、拉长,然后再收缩,动作幅度要大。因为肌纤维被拉长后可以增大收缩力量,同时又可以保持肌肉良好的弹性。

第四,力量训练时要全神贯注,念动一致,注意安全。

第五,训练后应注意休息与放松,消除肌肉疲劳,防止肌肉僵硬,提高肌肉的弹性和关节的灵活性,提高肌肉的收缩速度。

第六,力量训练要与专项相结合,着重从动作结构、动作速度、肌肉收缩形式、肌肉用力的顺序等方面与专项技术结合,使已提高的力量转化到专项技术动作上。

2.速度训练

速度素质是运动员进行快速运动的一种能力。在足球竞赛中,由于对阵双方的足球技术与战术都是以不同的速度形式表现出来的,因此速度能力决定着运动员足球技术与战术运用和发挥的成效。按速度在实战中的表现形式,它可分为反应速度、动作速度、移动速度三种。

(1)反应速度

反应速度是指机体对外界刺激反应的快慢。通常以施予刺激到肌肉系统做出应答性收缩的时间的长短来表示反应速度的快慢。发展反应速度,可利用突发信号、移动目标等方法,让运动员做出快速反应动作和发展灵活性的游戏来实现。

反应速度训练时的注意事项:

第一,训练时,运动员的注意力要高度集中,并且使神经系统处于适宜的兴奋状态,肌肉处于紧张待发状态。

第二,运动员应尽可能提高动作熟练程度。反应速度的提高很大程度上取决于他们对信号应答反应的动作熟练程度。

第三,人体中枢神经系统的状态对反应速度具有极其重要的影响,所以教练员应激发运动员的运动热情,提高他们参与反应速度训练的积极性。训练时,教练员应以运动员兴奋性不降低为原则,如果发现运动员兴奋性降低,教练员则应及时让他们停止练习。

(2)动作速度

动作速度是指机体某一部分完成特定动作的快慢。这里所指的特定动作通常都是完整动作的组成部分,因此,动作速度既可以相对于身体外部的参考体而言,也可以相对于身体其他部位而言。发展动作速度可以跟着快速信号有节奏地做单个动作来提高。

动作速度训练时的注意事项:

第一,训练时,教练员给运动员安排的专门性动作应与正式校园足球竞赛动作尽量一致,这就要求专门性动作速度训练应与专项竞赛动作速度一致。

第二,合理变换练习的速度节奏。在反复进行某一动作训练的过程中,教练员要合理地变换动作速度的节奏,在发展运动员动作能力的同时应让他们以最快的速度进行训练,力争让运动员超过平时的最高速度。组织训练时,教练员应运用"慢—快—最快—慢"的节奏组织运动员进行训练。

第三,训练持续时间不宜过长,一般不超过 20 秒。

第四,合理掌握训练的间歇时间。每次训练的间歇时间不宜过长,也不要太短,以持续 5 秒,强度达 95% 以上的练习,间歇时间 30～90 秒为宜。

(3)移动速度

移动速度是指机体在特定的方向上快速移动的能力。以单位时间里位移的距离作为衡量的标准。发展移动速度可用短距离跑、发展灵活性及协调性，以及逐步发展力量、完善技术等来提高。[①]

移动速度训练时的注意事项：

第一，教练员以高强度负荷组织运动员进行移动速度训练，强度控制在 90％～95％，但训练重复次数不应过多，以免影响训练强度。

第二，每次训练的持续时间不能过长，一般应保持在 20 秒内。

第三，组织训练时，教练员既要保持运动员一定的兴奋性，又要使他们在训练过程中产生的氧债得到补偿，以及体内乳酸得到缓解。

3.耐力训练

耐力是机体在长时间负荷下抵抗神经、肌肉疲劳及疲劳后迅速恢复的能力。耐力训练一般包括有氧耐力训练和无氧耐力训练两种。

耐力训练时的注意事项：

第一，耐力训练应遵循人体生长发育的规律。耐力素质的发展水平与其他素质一样，在相当程度上受到人体生长发育水平的影响。如果耐力水平与生长发育水平不相一致，非但不能收到良好的练习效果，可能还会严重地损害人体健康。因此，教练员应根据运动员的发育水平，合理地安排耐力练习。一般来说，若运动员是儿童或少年，由于他们还处于一般耐力和有氧耐力的敏感发展期，因此教练员可以安排他们进行一般耐力和有氧耐力的训练。男 14—16 岁，女 13—14 岁以后进入无氧耐力的敏感发展期，这时就可进行无氧耐力的训练。另外，耐力训练时的负荷安排也是一个重要因素，通常以 130、150、170 次/分的心率指标作为儿童少年小、中、大的适宜负荷强度标准。青春期后，负荷要求就要大得多。此外，耐力训练方法与手段的运用，也要根据不同

---

① 吴国生，李金华.体育运动基础训练[M].东营：石油大学出版社，1994.

对象的生理心理特点,从实际出发。

第二,耐力训练中要体现大负荷训练的原则。然而,由于运动员之间在身体素质方面存在着较大的差异,因此耐力训练的方法与手段应有所不同。而且训练的幅度、持续时间、间歇时间与方式以及重复训练的次数也应根据实际情况具有差异性。[1]

第三,注意有氧耐力训练与无氧耐力训练相结合。有氧耐力和无氧耐力虽然在代谢过程中表现出较大差异,但是两者存在着非常密切的关系。有氧耐力是基础,无氧耐力的发展是建立在有氧耐力提高的基础上。通过有氧耐力训练能使心脏体积增大,每搏输出量提高,从而为无氧耐力的发展打下坚实的基础。穿插一些无氧耐力训练,能改善运动员的呼吸能力和循环系统的功能,这有利于提高机体输送氧气的能力,对提高有氧耐力水平极为有利。由此可见,有氧耐力和无氧耐力之间是相互联系,相互促进的。所以,在组织耐力训练时,教练员要注意两者的结合,至于有氧耐力训练和无氧耐力训练的比例,教练员应视实际情况而定。

第四,教练员组织运动员长时间进行有氧耐力训练时,应对运动员的技术动作有严格要求,使他们的技术动作正确、协调、运用自如、准确。

第五,耐力训练结束后,教练员应注意消除运动员的疲劳,使他们尽快恢复耐力训练。由于耐力训练时间长,消耗的能量大,所以,教练员在运动员耐力训练后,要特别注重对他们进行能量的补充。另外,教练员还要采取有效的措施和手段,使运动员疲劳的肌肉及神经系统得以放松并极早消除疲劳,为下次训练创造条件。

第六,由于耐力训练时间较长、运动负荷较大,对人体各系统的影响也比较深刻,如果运动员在健康水平不佳或者机能能力有障碍的情况下,进行大负荷的耐力训练,就容易对他们的身体功能造成严重的损害。所以,在组织耐力训练时,教练员一定要加

---

[1]　韩正忠.青少年足球运动员耐力训练研究[J].快乐阅读,2015(22).

强对运动员的医务监督。

4.柔韧训练

柔韧素质是指人体各关节的活动幅度和肌肉、韧带的伸张能力。对抗项目的运动对柔韧素质的要求很高,如果柔韧性训练不足,往往会造成肌肉、韧带僵硬,动作幅度小,不仅直接影响技击机能的提高,而且会阻碍力量、速度、协调能力的发展,还易使运动员在训练和竞赛中发生损伤。

柔韧训练包括肩、臂、腕、腰、髋、腿、踝等部位,常运用动力拉伸和静力拉伸相结合的方法,其中又有主动训练和被动训练两种方式。

柔韧训练时的注意事项:

第一,主动训练与被动训练相结合。

第二,动力训练与静力训练相结合。

第三,组织柔韧训练前,教练员应让运动员做好准备活动,提高肌肉温度,并进行肌肉预伸展的活动,逐步提高肌肉、韧带及其他软组织对大幅度伸展的承受力,然后再做超过习惯的运动幅度的柔韧性训练。这样既易于取得良好训练效果,又不易造成运动损伤。

第四,柔韧训练一定要注意循序渐进,不可操之过急,一次练习不可过多。

5.灵敏训练

灵敏素质是指身体在短暂时间内变换位置的能力,是运动员各项素质和技击技能在运动过程中的综合表现,它取决于运动员的爆发力、动作速度、反应速度、协调能力等。灵敏训练的方法有变换训练法、梯子训练法、小栏架训练法、灵敏环训练法等。

灵敏训练时的注意事项:

第一,教练员应注意培养运动员对时间、空间判断的准确性。在训练过程中,教练员对运动员技术动作的时间、空间指标应有严格的要求。另外,教练员对运动员技术动作的方向、幅度、速度、节奏等也要严格要求,因为这些都是提高运动员灵敏素质的重要因素。

第二,灵敏素质取决于大脑皮层神经过程的灵敏性。所以,教练员应在运动员处于兴奋状态,注意力高度集中时组织他们进行灵敏训练,但时间不宜过长,以免使他们的大脑皮层产生疲劳,从而降低训练效果。

（二）技术训练

校园足球技术训练内容与传统 11 人制足球技术训练内容大致相同,主要包括踢球技术、停球技术、运球技术、头顶球技术、抢截球技术、掷界外球技术、守门员技术等。校园足球技术训练所涉及的内容较多,碍于篇幅限制,这里不作过多解释。

（三）战术训练

校园足球战术训练内容与传统 11 人制足球战术训练内容也大致相同,主要包括进攻战术、边路进攻、中路进攻与防守战术。校园足球战术训练所涉及的内容较多,碍于篇幅限制,这里也不作过多解释。

三、校园足球队的训练原则

（一）直观性原则

所谓直观性原则,是指教练员在校园足球队训练过程中运用各种手段,通过运动员的视觉、听觉、触觉等各种感觉器官,使运动员建立对校园足球运动技术与战术的正确表象,为掌握和提高足球运动技能奠定良好的基础。

运用直观性训练原则,主要有生动形象的语言、示范、图片、幻灯、电影、录相等,教练员（足球教师）应根据具体情况,运用各种直观手段进行训练,使运动员了解动作的主要技术细节,以及动作的时间、空间关系,从而迅速准确地建立起动作的形象。

(二)训练结合原则

所谓训练结合原则,是指教练员在校园足球队训练过程中,要根据校园足球运动项目的特点、运动员的水平和不同训练时期、阶段的任务,适当地安排身体训练与技术、战术训练的比例。身体训练与技术、战术训练既相互制约,又相辅相成,教练员只有将三者有机结合并恰当运用,才能产生最佳的训练效果。

(三)周期性原则

所谓周期性原则,是指教练员组织的校园足球队训练是以循环往复、周而复始的方式进行的,每一个循环往复不是简单的重复,而是后一个循环在前一个循环的基础上有计划地提高训练的要求,使运动员不断创造优异运动成绩。

在校园足球队训练过程中,随着运动员训练水平的提高,教练员应适当地给他们增加和变换训练内容、方法和手段,并不断地给他们增加运动负荷。只有这样,教练员才能使运动员真正地掌握校园足球运动知识、技术与战术,并改善他们的心理品质。当运动员的专项技能提高后,教练员要在原有的训练基础上,对他们提高训练要求,从而使训练形成一种周期性的提高过程。

(四)健身性原则

所谓健身性原则,是指教练员在组织运动员进行训练时要始终以"运动员的身体素质发展"为核心,选择最有利于运动员身体健康的训练方法,以"促进运动员体质健康"为重要的训练目的。

学生作为我国未来社会经济发展的重要储备力量,他们的健康成长直接关系到国家的繁荣与民族的振兴。按照这个说法,学生参与校园足球运动,愿意成为校园足球队的一员,那么教练员在组织他们进行训练时应始终注重促进他们的身体健康发展。在全面推广与贯彻"以人为本"教育的今天,校园足球队训练必然要坚持健身性原则。

（五）针对性原则

所谓针对性原则，是指教练员在组织校园足球队进行训练时，要对每个运动员的特点进行关注，关注内容包括：该名运动员的身体素质、个性特点、学习能力、人际交往能力、思想品质与道德素质等。校园足球运动是一项团队运动，而构成团队的因子是每一个运动员。为此，教练员若想提高团队的竞争力，必须认真分析每一个运动员的特点，有针对性地对他们进行训练。

四、校园足球队的训练方法

训练方法是教练员和运动员为完成训练任务，提高专项运动成绩，达到训练目的而选择的途径和运用的方法。在当今世界各国校园足球运动队训练条件日趋相近的情况下，校园足球队运动训练的效果在很大程度上取决于训练方法的优劣和运用的正确与否。所以，教练员必须熟练地掌握、正确地运用各种训练方法，以保证训练达到预期效果，如期完成训练任务。

就目前来看，校园足球队常用的训练方法有重复训练法、间歇训练法、变换训练法、竞赛训练法和综合训练法几种。

（一）重复训练法

1.重复训练法的概念

所谓重复训练法，是指教练员在不改变校园动作结构和负荷数据的情况下，按照一定的要求，反复地练习同一动作的方法。重复训练法在两次训练之间的间歇时间，并无严格规定，但是，原则上应使运动员的机体能够得到基本恢复。①

2.重复训练法的构成因素

重复练习的距离。

① 王炜华,刘兵,国辉.校园足球运动[M].长春:吉林大学出版社,2013.

重复练习的时间。

重复练习的次数。

重复练习的强度。

重复练习的间歇时间等。

3.重复训练法的特点

(1)重复训练已经掌握的技术动作

这种对同一技术动作的重复训练,可以有或没有间歇时间。重复已掌握的技术动作,主要是为了巩固和提高前一阶段已经掌握的动作技能;为了复习综合动作技能或连续技术动作;每重复一次的训练都要有新的或更高的技术动作要求的提高。这对加快技术动作的掌握有很大的意义。

(2)训练负荷强度较大,并可多次重复进行

大负荷的训练强度不仅可以有效培养运动员的耐久力和承受能力,还可以不断强化他们的校园足球技术、战术动作,有利于他们建立和巩固足球技术、战术意识。另外,由于重复训练会使运动员的疲劳不断加深,要求他们克服很大的体力消耗,因此有利于培养学生的意志品质。

4.运用重复训练的步骤

第一步,教练员对运动员进行校园足球理论知识的讲授及示范,这是运动员掌握校园足球技能要领的基础。因此,在训练开始时,教练员应首先做好这一工作,使运动员在尽可能短的时间内明确技能要领。

第二步,教练员向运动员公布训练标准及"达标"要求。教练员在讲清技能要领后,应向运动员明确掌握技能的标准,从而使运动员在训练过程中,不断地用标准对照检验自己的水平,努力达到标准的要求。

第三步,教练员组织运动员进行重复训练。重复训练不是单纯的机械重复,而是有目的、有步骤、有指导的活动。因此,教练员在组织训练过程中,应加强组织与指导,并采取多种手段配合训练,避免单纯机械的重复,努力使运动员较快地形成正确的

技能。

5.重复训练法的类型

依单次练习时间的长短,可将重复训练法分为:短时间重复训练方法、中时间重复训练方法和长时间重复训练方法三种类型,如表 5-1。

表 5-1　重复训练法的类型表

要素＼类型	短时间重复训练	中时间重复训练	长时间重复训练
负荷时间	＜30 秒	30 秒～2 分钟	2～5 分钟
负荷强度	最大	次大	较大
间歇时间	相对充分	相对充分	相对充分
间歇方式	走、按摩	走、坐、按摩	走、坐、卧、按摩

6.重复训练应注意的问题

第一,每次训练,不是简单的重复。教练员应逐步提高运动员的校园足球技术、战术。训练由量变到质变,才能取得良好的训练效果。

第二,每次训练均要保持预定的强度。

第三,各次训练之间的休息应充分,待机体恢复时再开始下一次的训练。

第四,确定重复训练的次数时,以运动员不能按预定强度进行训练或出现技术变形时为准。

第五,重复训练方法若反复同一技术动作,会容易让运动员产生疲劳感和乏味感,影响训练的积极性。因此,教练员除了让运动员明确训练的目的作用外,还应采取其他训练措施,来提高学生的训练兴趣。

第六,运用重复训练法时,教练员应严格要求运动员按训练标准一丝不苟地训练,在训练次数和负荷强度上不提出过高的要求。

第七,如果运动员在重复训练时连续出现某个错误动作,教练员应及时纠正,以防止他们形成错误的动作定型。

(二)间歇训练法

1.间歇训练法的概念

所谓间歇训练法,是指教练员在一次或一组训练之后,指导运动员按照严格规定的间歇时间和积极性休息的方式进行休息,在运动员机体尚未完全恢复后再进行下一次或下一组训练的方法。

2.间歇训练法的构成因素

每次训练的时间。

每次训练重复的次数和组数。

每次练习的负荷强度。

每次或每组练习的间隔时间。

间歇时的休息方式。

3.间歇训练法的特点

间歇训练法的主要特点是负荷与休息交替进行,而休息有严格的时间规定,在机体尚未完全恢复的情况下就给予第二次负荷。每次负荷的时间不长,而负荷的强度可以根据训练所需要解决的问题进行安排和调整,间歇时,主要运用积极性的休息方式。

4.间歇训练法的作用

第一,通过严格的间歇训练过程,可使运动员的心脏功能得到明显的增强。在间歇期内,运动员的运动器官可以得到休息,而此时心血管系统和呼吸系统的活动仍处于较高水平。如果运动时间短,训练期间肌肉运动引起的内脏功能的变化,都是在间歇期达到较高水平。无论是在运动时还是在间歇休息期,可使呼吸和循环系统均承受较大的负荷。

第二,通过调节运动负荷的强度,可使运动员机体各机能产生与专项相匹配的适应性变化。若教练员经常运用同一种负荷对运动员进行刺激,他们的机体会产生与之相适应的变化。因此,教练员要运用不同的负荷强度来对运动员的身体进行刺激,以提高他们的身体机能。

第三,通过不同类型的间歇训练,可使运动员各项能量代谢供能能力得以有效地发展和提高。

第四,通过严格控制间歇时间,有利于运动员在激烈对抗和复杂困难的竞赛环境中稳定、巩固技术动作。

第五,通过较高负荷心率的刺激,可使运动员机体抗乳酸能力得以提高,以确保运动员在保持较高强度的情况下具有持续运动的能力。较高强度的训练可以使运动员体内的乳酸浓度提高,较高的乳酸浓度会造成运动员身体疲劳,运动能力下降。间歇训练可以提高运动员的耐乳酸水平,增加运动员在疲劳状态下还可以坚持以一定速度跑动的能力。

5.间歇训练法的类型

按照强度来划分,间歇训练法的基本类型主要分为高强性间歇训练法、强化性间歇训练法与发展性间歇训练法三种。

(1)高强性间歇训练法

高强性间歇训练的训练强度大,负荷时间小于30秒,心率指标为190次/分,同时它以糖酵解、ATP-CP与糖酵解供能的混合供能两种方式进行供能。

(2)强化性间歇训练方法

强化性间歇训练分为两种类型。一种类型的训练强度大,负荷时间为40~90秒;另一种的训练强度较大,负荷时间为90~180秒。这两者都是以糖酵解供能为主的混合代谢供能。

(3)发展性间歇训练方法

发展性间歇训练的训练强度为中等,负荷时间大于5分钟,心率指标为160次/分左右,同时它以有氧代谢为主的混合代谢供能。

6.间歇训练法应注意的问题

第一,间歇训练法一般来说强度较大。若运动员还是儿童,教练员要少用或不用。若运动员是青少年,教练员要正确确定每次训练的时间、重复次数、负荷强度、间歇时间与休息方式,同时对他们进行医务监督,以便取得理想的训练效果。

第二,间歇训练之后的休息方式,最好是积极的走、慢跑等,以加速血液的回流,防止出现重力休克。

第三,运动员对某一间歇训练方案适应之后,就变化各因素的参数,运用新的间歇训练方案,以不断提高训练水平。

(三)变换训练法

1.变换训练法的概念

所谓变换训练法是指教练员变换运动负荷、训练内容、训练形式以及条件,以提高运动员的积极性、趣味性、适应性及应变能力的训练方法。

变换训练法是教练员根据实际校园足球竞赛过程的复杂性、对抗程度的激烈性、运动技术的变异性、运动战术的变化性、运动能力的多样性以及中枢神经系统的灵活性等一般特性而提出的。

通过变换运动负荷,教练员可使运动员机体产生与有关运动项目相匹配的适应性变化,从而提高承受专项竞赛时不同运动负荷的能力。

通过变换训练内容,教练员可使运动员的运动素质、运动技术和运动战术得到系统的训练和协调的发展,从而使之具有更接近实际校园足球竞赛需要的多种运动能力和实际应用的应变能力。

2.变换训练法的构成因素

训练的量和强度。

动作组合。

训练环境。

训练条件等。

3.变换训练法的特点

变换训练法的主要特点是通过训练负荷、动作组合、训练环境与条件等因素的变化,对运动员机体产生多种作用,达到多种训练目的。

4.变换训练法的作用

变换训练法可以广泛地运用于校园足球队训练中,其作用如下。

第一,提高运动员对不同负荷刺激的适应能力。

第二,提高运动员适应正式校园足球竞赛中不同动作组合的需要。

第三,培养运动员的多种运动感觉如时间感、空间感、速度感、节奏感等。例如在雨天场地湿滑情况下进行训练,可以提高运动者的灵敏性与协调感。

第四,能够有效避免训练的单调乏味,提高运动员的训练兴趣和积极性。

5.变换训练法的类型

依变换的内容可将变换训练法分为负荷变换训练法、内容变换训练法和形式变换训练法三种,如表5-2。

表5-2　变换训练法的类型

要素 ＼ 类型	负荷变换训练	内容变换训练	形式变换训练
负荷强度	变化最大	可变可不变	可变可不变
动作结构	相对固定	变换	固定或变换

6.变换训练法应注意的问题

第一,教练员要根据训练的具体任务和运动员存在的主要问题,有目的地变换训练的各种条件。

第二,在训练过程中,教练员运用变换训练达到目的后,应及时恢复到正常情况下的训练,以避免运动员由于变换训练形成的动力定型与正式要求不适应。

第三,变换训练前,教练员应在训练计划中预先确定,也可以根据训练时的具体情况加以临时变换。但无论在何种情况下,变换的目的一定要明确,不要随心所欲。

第四,变换训练后,运动员最初会感觉新鲜、有趣,但不要为此而忽视了变换训练的目的,从而影响后果。因此,教练员在采用变换训练法时,要讲明变换训练的目的所在,在训练过程中及时地引导运动员把注意力集中到所要达到的训练目的上。

(四)竞赛训练法

1.竞赛训练法的概念

所谓竞赛训练法,是指教练员在正式校园足球竞赛的条件和要求下对运动员进行训练的方法。竞赛训练法能有效地提高运动员创造性地运用校园足球理论知识、技术和战术的能力以及身体训练水平,而且对培养运动员适应竞赛的复杂环境,提高训练的实战性都具有重要意义。

2.竞赛训练法的类型

在校园足球队训练过程中,被教练员广泛运用的竞赛训练法有:游戏性竞赛、训练性竞赛、身体素质竞赛、技术和战术竞赛、非专项性竞赛、与高水平运动员进行练习的竞赛、测验性竞赛和适应性竞赛等类型的竞赛等。

3.竞赛训练法应注意的问题

第一,竞赛训练的复杂程度和要求,要符合运动员身心发展的特点和体育基础,使之有利于运动员体力和智力的发展,身体基本活动能力的提高以及良好思想品德的养成。同时,在训练过程中,教练员尤其要注意运动员在竞赛中的观察能力、分析能力、判断能力等,培养他们正确的胜败观、荣辱观。

第二,教练员要认真检查竞赛场地与器材,注意控制运动员进行竞赛训练时的运动负荷,消除不安全因素,预防运动损伤。

(五)综合训练法

各种训练方法在训练实践中的综合运用,叫作综合训练法。

综合训练法能更灵活地调节运动员在训练过程中的运动负荷,从而有效地发展他们的身体素质,提高他们的运动技术水平,使训练取得良好的效果。

综合训练法的组织形式有循环训练法、组合训练法、模式训练法三种。

1. 循环训练法

(1)循环训练法的概念

所谓循环训练法,是指教练员根据校园足球队训练的具体任务,建立若干站(点),运动员按照既定的顺序、路线,依次完成每站(点)的练习,周而复始地进行训练的方法。

循环训练法每站都有教练员预先确定的训练内容、训练要求和运动负荷参数,并可以结合其他训练方法形成不同的循环训练方案。

循环训练法可以用来发展运动员的力量、耐力、速度和灵敏性,它主要用于身体训练,但也可以用于技术训练。循环训练法不是一种独立的训练方法,而是练习的组织形式,是其他训练方法的一种综合运用形式。

(2)循环训练法的构成因素

每站的练习内容。

每站练习的负荷量和强度。

站与站和每遍循环之间的间歇时间。

站的数量和循环的遍数。

(3)循环训练法的特点

其一,循环训练设立多少"站",每站规定哪些训练内容、训练方法、运动负荷参数如何确定,教练员均可以根据训练的目的和对象的水平灵活掌握。

其二,循环训练适用于不同层次和水平的运动员。

第三,训练中全体运动员基本是一"站"接一"站"地按既定顺序进行,没有不必要的停顿现象,所以能加大训练的密度。

其四,循环训练每"站"的运动负荷与循环的次数不但可以由教练员预先确定,而且可以在训练过程中根据运动员的具体情况随时进行调整，做到区别对待。

其五，"站"的训练内容可以按不同部位或不同系统器官的活动交替安排，有利于克服局部负担过重，延缓疲劳的产生。

（4）循环训练法的类型

①持续循环训练

所谓持续循环训练，是指教练员用较长的时间，在站与站以及每一循环训练之间不安排间歇，连续训练运动员。

②重复循环训练法

所谓重复循环训练法，是指教练员在运动员机体完全恢复的状态下，再开始下一站和下一循环的训练。

③间歇循环训练法

所谓间歇循环训练法，是指教练员在运动员机体未完全恢复的状态下就进行下一站或下一循环的训练，每站的运动负荷强度较大时，则每站的重复训练次数和循环的次数视具体情况减少。

（5）循环训练法应注意的问题

第一，训练手段、运动负荷、训练方式的确定，均应服从训练任务的需要。提高运动员校园足球动作技术、战术为主的训练要突出重点，循环次数不宜过多，以利于运动员能集中注意于技术、战术动作的正确性；以运动员身体锻炼为主的训练要体现全面性，循环次数可以多些。

第二，每个循环站可运用单一的或连续的重复训练。教练员根据训练任务的需要可对运动员提出定量、定时、定性的要求。

第三，各循环站的循环顺序应尽可能使难易训练和运动负荷大小不同的训练交替进行，或渐进安排。

第五，在各循环站，教练员给运动员设定的运动负荷可逐步增大，但一般不超过运动员最大负荷能力的 2/3。循环次数多时，运动负荷应相对较小；反之，运动负荷相对较大。

2.组合训练法

（1）组合训练法的概念

所谓组合训练法，是指教练员根据不同的训练任务，对各种训练方法进行不同的组合而制订出许多综合训练方案的方法。

组合训练法不是将各种单一训练方法简单地相加,而是以一定的间歇方式和交叉组合的方式将各种单一训练方法有机地结合在一起。它可灵活地调节运动员在训练过程中的运动负荷,有利于教练员给运动员科学地安排负荷与间歇。

(2)组合训练法的特点

其一,作用全面。教练员将功能各异的训练方法组合起来对运动员进行训练,能够从多方面提高运动员的各项能力。

其二,密度大,强度高。组合训练的方法多、密度大,运动量和强度都比较大,对增强运动员的身体素质与技能熟练度很有利。

(3)组合训练法的类型

组合训练法的组合形式多种多样,从数量上分,有两种训练法的组合和三种训练法的组合;从组合的方式上分,有连接式组合法和交叉式组合法。

连接式组合法是将两种或两种以上相对独立的单一训练法方案通过一定的间歇方式和规定的间歇方法,将它们连接起来,组合成一个综合训练方案,例如用重复法加变换法的组合,或用持续法加间歇法加变换法的连接组合。

交叉式组合法比较复杂,设计上也较困难,它是将各种练习手段交叉组合在一起,表现出多种训练方法效益的组合法。

(4)运用组合训练法的注意要点

第一,注意与变换训练法区别开。一般说,运用同一手段、同一组训练只是变化间歇方式等训练方法,应视为变换训练法,而运用不同手段或同一手段不同组别的综合训练方法时,则为组合训练法。

第二,教练员在设计组合训练法时,一定要注意从纵向和横向两个方面去考虑,尽可能扩大综合效益的范围。

第三,组合训练法大多为同一手段,但也可用不同手段的训练进行设计。如果方案较复杂、训练量较大,则应适当变换一下手段,以调节局部肢体的疲劳。

第四,组合训练法十分重视各次和各组训练之间的衔接,因而必须对所有的训练间歇提出明确而具体的要求。

第五,组合训练法方案的设计一定要考虑训练的目的任务。

第六,教练员要透彻了解各种训练方法的特点、作用及组合后的基本特性,使之符合要解决的具体任务。

第七,组合训练法的设计要符合正式校园足球竞赛对运动员机能、技术、战术运用的要求。

(六)模式训练法

1.模式训练法的概念

所谓模式训练法,是指教练员以优秀校园足球运动员创造优异成绩所起作用的各种因素为模式,对运动员进行定向训练的方法。这些因素包括运动员从事校园足球运动的年龄、身体条件、各项身体素质的指标,训练过程中的技术、战术,以及与校园足球运动有密切关系的其他因素的指标等。

教练员事先对上述因素进行收集或测定,然后将所得到的数据进行处理,从而得出各因素的具体指标及各个因素在校园足球训练中应占的地位和所起的作用,制定出优秀运动员的模式,再根据模式要求来训练运动员。

模式训练法可以使教练员定期将运动员在训练中所表现的各种状态、数据与"模式"标准进行比较,以便早日发现问题,及时采取措施进行修正,使训练向既定的方向发展,这比教练员单纯靠经验训练、指导要更科学,训练的成功率也较高。

2.模式训练法的特点

其一,具有信息化特点。模式训练法实施的整个过程是以训练模型的指标体系为控制的依据,以评定标准的指标体系为监督、检查工具。整个训练过程的发展与变化均置于信息控制之下,有助于及时纠正运动训练过程中出现的偏态。

其二,具有定量化特点。模式训练法所依据的训练模型与评定标准均具有定量特点。实践中,训练模型的指标体系可为未来训练过程提供明确的训练目标,评定标准的体系可为现实状态的训练状况提供明确的反馈信息,有助于定量控制运动训练的过程。

3.模式训练的步骤

第一步,解析影响运动员校园足球运动水平的各种因素。

第二步,获取各影响因素的指标参数。

第三步,建立影响运动员校园足球运动水平的因素结构模型。

第四步,以因素结构模型的评价标准数值为评定标准,对运动员校园足球运动水平变化的结构状态进行阶段性检查评定。

第五步,将检查评定的结果反馈于校园足球运动训练过程的各个环节,以找出产生偏离状态的原因。

第六步,对校园足球运动训练过程相应环节的组织实施发出调节指令。

第七步,改进校园足球训练工作,使训练的阶段结果不断逼近模式目标。

第四节　校园足球竞赛组织工作

一、校园足球竞赛组织机构及其职责

较大型的校园足球运动会的组织机构比较庞大、复杂和严密,各部门分工明确,而小型的校园足球运动会可根据需要,参照大型校园足球运动会组织方案的基本精神设置组织机构和安排人员。

校园足球运动竞赛主要的组织机构是校园足球运动组织委员会,它的主要职责是确定各职能部门及负责人员;审查各职能部门工作实施方案;掌握经费收支原则和范围;裁决运动会组织过程中的重大问题。运动组织委员会下可以分为办公室、竞赛处、宣传处、安全保卫处、场地器材处。

办公室的主要职能是草拟各种文件报告;组织召开各种综合性会议;各种文件的收发管理;接待领导和来宾;与会人员食宿安排和接待;医疗卫生和卫生防疫;办公用品的提供和管理;财务管理;车辆调度和管理;各部门间的工作协调。

竞赛处的主要职能是制定印发竞赛规程;做好报名的接待工作和资格审查工作;组织编排秩序册;准备各种竞赛用表;准备竞赛奖品及组织颁奖工作;聘请裁判与组织业务培训工作;召开相关技术会议;编制印发成绩册等。

宣传处的主要职能是做好宣传教育与新闻报道工作;起草领导讲话稿件;组织安排大型活动或表演;负责体育道德奖的评比。

安全保卫处的主要职能是住地和赛场的安全保卫;场地、赛场交通秩序的维护;竞赛场地的秩序维护。

场地器材处的主要职能是提供竞赛场地和维修服务;竞赛所需设备器材的准备与维护;竞赛的票务服务。

二、制订校园足球竞赛规程

(一)制订竞赛规程应遵循的原则

为使竞赛规程制定得科学、合理,保证竞赛的质量,应遵循下述主要原则。

1. 可行性原则

竞赛规程所提出的比赛组织方案和内容,必须从当时的实际出发,做到切实可行。在竞赛管理工作中,应充分考虑人力、物力、财力和时间,本着艰苦奋斗、勤俭节约的原则,实施对竞赛过程最优化的设计和组合,以达到机构精简、工作效率高、竞赛效果好的目的。对校园足球竞赛规程的确定,要考虑到校园足球的特点与学生的特点,注意普及和提高、娱乐性和竞技性相结合。对于小型校园足球竞赛活动,其时间、场地安排不能像大型校园足球竞赛一样，应根据竞赛的规模、水平、参加对象及现有的场地情况灵活安排，必要时可根据场地条件来设置比赛项目和确定竞赛时间。

2. 公平性原则

竞赛规程是参加者共同遵守和执行的规范与准则，其内容应使全体参加者在客观条件相同的前提下展开竞赛。无论是主办单位和承办单位以及当地所属的主队，还是外来的客队，均应享受同等的待遇。在限定的时间、空间和等同条件下进行竞赛，使比赛结果客观真实，这样才能有利于参赛者充分发挥技术、战术特长，提高竞赛的质量和综合效益。

3. 稳定性原则

竞赛规程一经公布，就应相对稳定，不能随便更改。若规程中确有不合理的内容需要修正或补充时，须经制订部门尽可能在比赛前进行修改。修改的内容影响到参赛单位和承办单位的准备工作时，应征得多数参加单位的同意，方可变动。一般在比赛开始后，规程不能再改动，以保证规程的严肃性和权威性。规程的最终解释权应属主办单位所有。

除此之外，还应注意保持规程的连续性，综合性运动会竞赛规程总则与单项规程之间，不同单项竞赛规程内容之间，以及年度之间应连续一致，不能前后矛盾。文字表达要简明准确，内容要详尽完整，切忌表达含糊、自相矛盾。

(二)制订校园足球竞赛规程的内容和方法

校园足球竞赛规程一般由下列内容组成，在具体制订时可根据各单项的不同情况取舍与补充。

1. 竞赛名称

根据总任务确定比赛名称。名称要显示是什么性质的比赛，哪一年(或第几届)的比赛。运动会的名称一般用全称，如"第26届××中学校园足球运动会"。在赛会期间的文件、会标、宣传材料等方面,名称要统一。

2.目的任务

根据举行本次竞赛活动总的要求,简要说明此次竞赛的目的任务。例如,进一步推广与普及校园足球运动,增强学生整体素质;提高校园足球运动水平;选拔校园足球运动代表队,准备参加高一级的比赛;总结、交流校园足球教学工作经验等。

3.竞赛时间、地点和举办单位

竞赛时间应写清预赛、决赛开始和结束的年、月、日,举行比赛的地点和举办竞赛的单位(包括主办和承办单位以及协办单位)。

4.竞赛项目和组别

举办比赛所设置的竞赛项目及组别(一般指综合性运动会和田径运动会),单项比赛的规程写明各组别的各个竞赛小项目。

5.参加单位和各单位参加的人数

按有关规定的顺序写明参加比赛的每个单位,以及各单位男、女运动员参加人数,领队、教练员及工作人员人数,每名运动员可参加的项目数,每项限报人数,以及参赛的其他有关规定。

6.运动员资格

运动员资格是指参赛运动员的条件标准,包括运动员年龄、健康状况、代表资格、运动等级、运动成绩、达标规定等。

7.竞赛办法

确定比赛所采取的竞赛方法,如淘汰法、循环法、混合法及其他特殊的方法。比赛是否分阶段进行,各阶段采用的竞赛方法是否相同,各阶段比赛的成绩如何计算和衔接等。

具体的编排原则和方法。

确定名次及计分办法。

对运动员(队)违反规定的处罚方法(如弃权等)。

规定比赛使用的器材(如比赛用球的品牌等),运动员比赛服装、号码等。

8.竞赛规则

提出竞赛采用的规则和有特殊的补充及竞赛规则以外的规定或说明。

9.录取名次与奖励

规定竞赛录取的名次,奖励优胜者的名次及办法。例如,对优胜者(队)分别给予奖杯、奖旗、奖状、奖章及奖金等。

设置体育道德风尚奖或破纪录奖的奖励办法等。

设置技术奖时,规定技术奖励的内容和评选方法等。

10.报名办法

规定各单位运动员(队)报名的人数、时间和截止报名的日期,书面报名的格式和投寄的地点,并应注明以寄出或寄到的邮戳日期为准,以及违反报名规定的处理办法。

11.抽签日期和地点

凡属需要抽签进行定位和分组的竞赛项目,应在规程中规定抽签的日期、地点和办法。

12.其他事项

有关未尽事宜的补充,如经费、交通、住宿条件等。

注明规程解释权归属单位。一般应归属主办单位的有关部门。

三、制订校园足球竞赛规则

(一)制订校园足球竞赛规则的基本原则

在制订校园足球竞赛规则时,必须遵循下述基本原则,使竞赛规则体现出高度的科学性、系统性、权威性。

1.公平竞赛原则

公平竞赛原则既是制定校园足球竞赛规则的出发点,又是制订校园足球竞赛规则的目的。在这些基础上,根据各项目的特点,制定技术规范和准则,让所有参赛者在相同规格的场地上,用相同的器材,采用合理的竞赛方法进行较量,对违反规则的技术和行为进行判罚。[①]

根据上述原则,制订校园足球竞赛规则时应注意三个问题:一是比赛条件应尽可能均等;二是参赛人数(队)的条件相等;三是比赛顺序、休息时间机会均等。

2. 促进发展原则

校园足球竞赛规则的制定,除了考虑让所有运动员公平竞争外,还应注意竞赛规则的具体条文应有利于促进运动员校园足球运动水平的提高与发展。换句话说,校园足球竞赛规则不是一成不变的,它的制订和改变,应符合校园足球运动发展规律和校园足球运动竞赛的特点。

根据上述原则,制订校园足球竞赛规则时应注意两个问题:一是明确认识它与校园足球运动技术、运动成绩的关系,以及它的发展规律;二是对不利于校园足球运动技术、运动成绩的竞赛规则应及时进行补充修改。

3. 统一性原则

统一性原则,是指比赛条件和比赛方法的统一性,成绩的统一性与评判尺度相一致,使校园足球竞赛成为提高运动员校园足球运动成绩、交流校园足球经验、增进友谊和促进校园足球运动技术水平发展的有效保证。

根据上述原则,制订校园足球竞赛规则时应注意三个问题:一是比赛方法适应比赛形式;二是比赛条件必须规范化;三是制订尺度必须保持一致性、客观性。

4. 公正性与准确性原则

所谓公正性原则,是指制订者在制订校园足球竞争规则时,

---

①　庄小凤,沈建华.校园足球[M].上海:上海教育出版社,2014.

应站在公正的立场,制订出能反映校园足球运动本质的基本规范,便于裁判员准确地评判运动员的运动成绩和技术优劣。公正性是校园足球竞赛规则的价值之一。准确性是与公正性相适应的,一般在公正的前提下都能反映准确裁定的过程。

根据上述原则,制订校园足球竞赛规则时应注意三个问题:一是制订者应克服狭隘的民主主义、本位主义;二是制订者应从校园足球技术、战术的本质特征出发,制订出能反映校园足球技术、战术特征的具体条文;三是制订者在考虑准确性时,应从规格化、技术化入手,使之能供裁判员准确无误地判定运动员成绩。

5.合理组织原则

所谓合理组织原则,是指制订者从校园足球竞赛的组织、编排、竞赛形式、竞赛方法等方面都应体现竞赛的公平。它有利于运动员发挥技术与战术,创造成绩,这是保证校园足球竞赛活动顺利进行的重要环节。

根据上述原则,制订校园足球竞赛规则时应注意两个问题:一是组织编排应体现合理性,应与项目特点相适应;二是竞赛方法、竞赛形式应与竞赛项目相适应。

6.严肃性原则

校园足球竞赛规则控制校园足球竞赛活动,具有极高的权威性。规定的条文,任何个人都无权修改和补充。对于规则中没有涉及的特殊问题,只能按规则精神处理。因此,制订校园足球竞赛规则时,需要坚持严肃性原则。

根据上述原则,制订校园足球竞赛规则时应注意两个问题:一是文字的准确性和严肃性;二是对竞赛活动具有高度的概括性和指导性。

(二)校园足球竞赛规则的基本内容

1.裁判员的名称和职责

我国现行的各项目运动竞赛规则,对裁判员的名称、职责和在竞赛过程中的基本要求都做了明确具体的规定。对裁判员的基本要求是:认真学习规则和裁判法,加强岗位责任制,执行裁判工作时要做到严肃、认真、公正、准确、谦虚谨慎、团结协作。它不仅是"执法"的基本要求,而且也是保证竞赛过程公正准确的具体措施。

根据校园足球竞赛规则的规定和裁判在竞赛过程中的具体分工,裁判员通常分为总裁判长、(主)裁判(长)和各个裁判员(有些项目的竞赛规则分得更为详细),他们分工合作,各在其位,各尽其职,保证运动竞赛的顺利进行。

2. 比赛通则

比赛通则又称比赛总则,它是竞赛规则的核心。其主要内容包括技术规范、时间规定、分组办法和比赛次序、运动员的服装要求、器材规格等。

(1)技术规范

技术规范是对校园足球竞赛中技术动作和方式的时空界定。技术动作如果超越了规定的范围,应视为犯规。

(2)时间规定

时间规定主要包括比赛时间和各赛次之间的时间间隔。

(3)分组方法和比赛次序

分组办法和比赛次序是使校园足球竞赛顺利进行的具体措施。通常情况下,校园足球竞赛以抽签的方式进行分组,比赛次序一般按抽签号码决定。

(4)服装和器械要求

运动员的服装和使用的器械,各项规则都有明文规定。服装要求包括样式、颜色、质地、尺寸和号码布的规定等。使用的器械的要求包括结构(外部形态和内部结构)、尺寸、物理性能和机械性能等。

3. 评定成绩和决定名次的方法

评定成绩和决定名次是校园足球竞赛工作的重要一环,也是校园足球竞赛规则的关键性内容,它包括评定个人和团体成绩与名次。

（1）评定运动员（队）成绩和名次的方法

在校园足球竞赛中，通常以在规定的时间内进球数的多少决定胜负，再以积分决定名次。如遇到两队或两队以上积分相同，则以规则和规程中对积分相等的处理办法决定名次。

（2）评定团体成绩和名次

团体名次的评定，一般是在各运动队成绩和名次的基础上计算评定的。按录取名次的得分总和决定团体名次，总分多，名次前。

4.对犯规运动员（队）的处罚

在校园足球竞赛中，由于运动员自身的原因或外界环境的影响，必然会出现各种类型和不同程度的违反技术规范的现象，这类现象统称犯规。犯规因性质的不同可分为以下三种。

（1）无意犯规

主要是运动员的动作技术违反竞赛规则规定的技术规范。运动员往往是无意识的，对这类犯规，处罚较轻。在校园足球比赛中，若一方队员出现无意犯规，通常由对方罚球或持球。

（2）故意犯规

主要指对对方运动员有侵害行为和容易造成伤害事故的粗野动作和不遵守体育道德的举止。对于校园足球竞赛中的这类犯规，裁判官通常会以出示黄牌或红牌的方式给予判罚。

（3）不文明行为和不道德举止

这类犯规，通常罚以警告，对严重者罚以取消比赛资格。

5.场地器材和设备规格

竞赛规则中对不同项目的场地器材和设备规格都有明确具体的规定。

6.各种评分和记录表格

在规则的最后部分，都附有有关竞赛的评分表和各种记录表格，供裁判员和运动员查阅。

需要说明的事，由于篇幅限制，以上内容只是将校园足球竞赛看作一般性竞赛所讲的基本规则。若确切地说，传统 11 人制足球竞赛规则绝大部分都适用于校园足球竞赛规则，但由于它的内容非常复杂，因此这里不作过多解释。

第六章 校园足球教学环境体系建设

第一节 教学环境简介

一、定义

所谓教学环境，是教师根据学生身心发展的特殊需要和学校培养人才的社会需要而组织、设计的育人环境。教学环境体现了学校的教学精神和价值取向，体现了教育者对受教育者的一种期望。

教学环境是一个复杂的系统，它由多种要素构成，这些要素既有物质的，也有心理的；既有制度的，也有非制度的；既有有形的，也有无形的；既有动态的，也有静态的；既有室内的，也有室外的等。

二、特点

（一）对学生影响的自发性与潜在性

教学环境对学生而言犹如空气和水一样，它无时无刻不在影响着学生的学习活动。它作为学生主体知觉的背景而存在，刺激强度较弱，具有一定的暗示性，因而常常使学生在不知不觉中产生各种潜移默化的影响。

（二）对学生影响的双重性和双向性

教学环境中蕴涵的信息具有矢量性，或者指向教学目标，对学生的学习活动产生积极、正面的影响；或者背离教学目标，对学生的学习活动产生消极、负面的影响。当然，学生不是单纯地、被动地接受着教学环境的影响，而是同时作为重要影响因素反作用于教学环境，对教学环境也产生着积极或消极的影响。

（三）教学环境设计的目的性和计划性

教学环境的设计不是随意进行的，而是有目的、有计划的。在教学过程中，教师一般是按照教学目标、学生特点以及教学课程的基本规律来设计和运用教学环境的。因此，教学过程也可以说是教师科学地、有目的地选择和设计一定教学环境，以引起学生积极的态度体验，从而主动探索知识、发展能力的过程。

（四）教学环境的科学性和可调控性

教学环境是按照一定的目标和需要专门设计和组织起来的一种特殊的环境，而构成这种特殊环境的因素都经过了一定的论证、选择、加工、提炼。

教学环境又是可以调控的。在教学实践中，教师可以随时根据教学活动的需要以及教学环境的变化，不断对教学环境进行必要的调节控制，以充分发挥教学环境对学生身心发展的积极作用，消除不利因素影响，从而使教学环境朝着有利于教学活动的方向发展。

第二节　校园足球教学环境优化的必要性

在校园足球教学过程中，良好的教学环境具有积极的导向、陶冶、激励和增进健康等作用,对学生身心的和谐发展有着重要的意义。

一、引导学生积极参与校园足球教学实践

校园足球教学环境可以通过自身各种因素的综合作用,引导学生正确地看到校园足球运动,帮助他们通过各种运动实践,养成对校园足球的兴趣、爱好,进而促进他们的身心健康发展。

二、陶冶学生的情操,培养他们形成良好的道德品质

文明、和谐、活泼向上的校园足球教学环境,对陶冶学生的情操,净化他们的心灵,培养他们的审美情趣以及养成他们高尚的道德品质和行为习惯有着重要的意义。在良好的校园足球教学环境中,学生能够在耳濡目染、潜移默化中受到熏陶和感化,从而产生一种春风化雨、润物无声的教育效果。

三、推动校园足球教学活动的顺利开展

良好的校园足球教学环境,一方面可以有效地激励足球教师教学的工作热情和动机,另一方面可以提高学生学习校园足球教学的积极性和自觉性,进而提高校园足球教学工作的质量。良好的校园足球教学环境,诸如翠绿的足球草坪、清新的空气、完善的足球器材、和谐的师生关系、顽强的队伍等,能给足球教师与学生的心理带来极大的满足感和愉悦感。

四、进一步提高校园足球给学生带来的健康功能

实践证明,良好的校园足球教学环境,能够有效促进学生正常的身体发育和健康成长,并能使学生长期保持乐观、稳定、愉快

的积极情绪,对学生心理健康有积极的促进作用。

第三节　校园足球教学环境优化的基本原则

整体而言,校园足球教学环境的优化,要考虑学生身心发展的实际、校园足球教学条件的实际以及具体校园足球教学情境的要求。概括而言,构建校园足球教学环境要遵循以下原则。

一、教育性原则

对校园足球教学环境的设计,无论是足球场,还是一个小小的校园足球宣传栏,都必须要充分挖掘其对学生身心全面发展的教育意义,都必须有利于启迪学生的思维、有利于激发学生的校园足球学习动机和兴趣、有利于陶冶学生道德情操,以营造出一种具有教育性的校园足球教学环境。

二、科学性原则

科学性原则有三层含义:其一,优化校园足球教学环境时,必须从校园足球教学目标与教学内容的实际出发,尽可能满足学生参与校园足球教学活动的实际需要;其二,各种校园足球教学环境的选择、调控、建设、美化等均要符合运动学、生态学、教育学、心理学、生理学、建筑学、学校卫生学、学校社会学、教育美学以及学校德育等方面的基本原理;其三,优化校园足球教学环境时,应考虑到不同学生的身心发展规律,尽量满足大多数学生学习校园足球的需求,并适当考虑少数特殊学生群体的个性发展要求。

三、人文性原则

所谓人文性原则,是指优化校园足球教学环境时,必须始终以学生为本,其又包括两个方面的含义:一是各种校园足球教学物质环境的设置要体现出对学生的人文关怀,如足球场首先应考虑是否卫生、安全,服装是否更加符合学生的生理特征等;二是要通过构建校园足球教学环境,努力营造出和谐的、充满人性的、民主平等的氛围。

四、实用性原则

校园足球教学环境的优化,应根据各个学校的实际情况和经济条件,从经济、实用、有效的宗旨出发,从更好地为校园足球教学服务的目的来进行。

我国幅员辽阔,各个地区经济、社会和教育发展水平极不平衡,各个学校在校园足球教学环境的优化中所表现出来的特点也是不同的,特别是校园足球教学物质环境的构建,如果不因地制宜从本校实际出发,难免会陷入重形式和外表,轻内涵和特色的误区。

第四节 校园足球教学环境优化的基本策略

一、校园足球教学物质环境的优化策略

在现代的校园足球教学活动中,物质环境,特别是校园足球教学场所和设备,往往要发挥多方面的作用,它不仅要满足校园足球教学的需要,而且还要满足师生开展各种课余校园足球活动

的需要。具体而言,优化校园足球教学物质环境主要有以下几个策略。

（一）和谐美观策略

和谐美观策略是指校园足球教学场所和设施的创设,要注意从整体进行规划,在整体上要体现合理、协调、美观的要求。具体又有以下含义

一是校园足球教学场所和设施与学校其他建筑和设施之间要协调一致。如足球场与学校教学楼、行政楼等建筑设施之间在功能、布局、色彩搭配、连接通道等方面要和谐、美观、方便,能够形成一个有机整体。

二是校园足球教学场所和设施之间要协调一致、美观简练。例如,足球场与篮球场、田径场之间,无论是布局,还是相互的间隔距离都要尽量合理协调。

三是校园足球教学场所和设施的颜色搭配既要美观,也要合理,符合学生心理特征。例如,小学足球场的草坪可以设计一些人物、动物、花草等图案,提高小学生参与校园足球运动的兴奋度。

（二）安全卫生策略

安全卫生策略是指在校园足球教学场所和设施的布置、选择与安排中,要体现安全第一和卫生洁净的要求,最大限度避免校园足球教学环境对学生身体的不利影响。概括而言,安全的校园足球教学环境表现在以下两个方面。

第一,校园足球教学场所和设施不应该存在安全隐患,使用这些设施前,要对它们进行必要的检查和清理。例如,将足球场地上的砖头、石块拣干净,检查足球架是否松动等,以避免发生不必要的伤害事故。

第二,选择校园足球教学的自然环境时,应避开风沙或雨雪,并尽量选择无空气、水和噪音污染的环境。

（三）突出特色策略

这一策略是指在校园足球教学物质环境的优化过程中,要充分利用学校已有的各种有利环境条件,创设具有鲜明校本特色的体育教学环境。

通常,不同地域、不同条件的学校,在环境条件上存在着一定的差异性,所拥有的环境条件的数量、质量、类型也是不同的。各个学校在环境方面又都有自己的优势和特点。例如,经济条件较差的农村学校,虽然不像经济条件较好的城市学校那样有比较齐全的体育场馆设施,但却拥有丰富的自然环境,校园足球教学场所的空间也比较开阔,因此如果能够充分挖掘和利用自己已有的环境优势,就有可能推动整个校园足球教学环境的改善。

（四）变通调适策略

变通调适策略是指足球教师在校园足球教学过程中,针对那些无法改变的教学环境,如自然环境和班级规模等,可以采用变通或调适的方法,尽量使这些教学环境能为提高校园足球教学质量和促进学生健康成长服务。

例如,我国大部分学校都没有室内校园足球场,在雨雪天里就无法开展正常的校园足球教学活动。但是,这并不意味着就要放弃校园足球教学,或让学生回到教室去进行校园足球文化课的学习,而是可以采用一些变通的方法,如利用学校的食堂或较大的空教室来进行校园足球教学活动等。

另外,校园足球教学中的班级规模也无法改变或暂时无法改变,但为了提高教学质量,足球教师也可以采用变通的方法,如进行分组教学,或采用全年级学生统一编班上校园足球课等。

二、校园足球教学心理环境的优化策略

相对于校园足球教学的物质环境而言,校园足球教学心理环

境的优化涉及的内容更加丰富,难度更大,所需花费的时间更长,短时间内也不容易看到效果。具体而言,优化校园足球教学心理环境的策略主要有以下几点。

（一）舆论与规范策略

舆论与规范可以形成群体压力,对学生的心理和行为产生极大的影响。在群体的压力下,个别学生有可能放弃自己的意见而采取与大多数一致的行为,即从众。正确的舆论与规范促使学生积极向上并做出有益的行为,而不健康的舆论和规范则诱迫学生产生有害的行为。因此,要想形成良好的校园足球教学的心理环境,足球教师首先必须注意在教学中形成良好的舆论与规范。

一方面,足球教师要考虑舆论与规范对群体学生的适应性,争取大多数学生的意见,尽量使群体舆论和规范与学生的个人价值趋同;另一方面,要使每个学生都能正确处理自己与群体的关系。在教学中,足球教师要注意结合校园足球教学内容的特点,随时对教学过程中的舆论与规范进行正面引导和培养。

（二）人际关系策略

在校园足球教学过程中,足球教师与学生、学生与学生之间平等、和谐的关系对形成良好的校园足球教学心理环境具有非常重要的作用。良好的人际关系,可以使学生在掌握校园足球知识、技能的过程中与足球教师产生共鸣,从而提高教学效果。

形成和谐的人际关系,主要取决于足球教师的行为。在校园足球教学中,足球教师应努力做到:

第一,挚爱。挚爱是构建良好师生关系的基础。足球教师要热爱学生、尊重学生、真正关心学生,以一颗爱心去包容学生,既要做他们学习上的良师,又要当他们生活中的朋友。

第二,尊重。足球教师要把尊重学生的人格和权益、相信每一个学生都能成才作为教育的基本信条。要注意保护学生的自尊心,对学生要有耐心,言语要把握分寸,避免伤害学生。

第三,真诚。只有真诚的足球教师,才能感染学生、激励学生。足球教师的一言一行,都要发自内心深处,不做作、不矫情。

第四,平等。足球教师对待学生要一视同仁,不要厚此薄彼。教学中要以鼓励、表扬为主,从而激发学生的学习热情。

此外,足球教师还要引导和鼓励学生之间的合作与交往,并且注意采取适当的教学组织形式为学生之间的交往创造机会和氛围。

(三)处理教学突发事件策略

在校园足球教学过程中,足球教师经常会遇到各种突发事件,如学生在比赛中打架、学生训练时发生运动损伤等。发生突发事件后,如果足球教师不能及时灵活处理,不仅会影响正常的教学秩序,而且可能会对已经形成的良好教学氛围产生消极的影响。但反过来,突发事件如果处理得当,又会对校园足球教学心理环境的优化有非常积极的促进作用。

在处理突发事件时,足球教师头脑要冷静,采取的应对措施要得当,力求把事件的消极影响控制在最小范围和最短时间内。另外,足球教师在处理这类事件时,免不了对学生进行责罚,但采用批评的方法时一定要注意摆事实、讲道理,以理服人,且不可态度粗暴,要尽量避免责罚某一学生时产生涟漪效应。

(四)榜样策略

榜样的力量是无穷的。校园足球教学过程中的榜样实际上包括了两个方面,即足球教师个人的人格魅力和学生之间活生生的人和事。足球教师的人格魅力对学生的影响是巨大的,因此要充分利用其积极的个性品质和教学风格去创造良好的教学氛围。足球教师是教学心理环境最有影响力的渲染者,愉快、轻松的教学心理环境来自于足球教师的以身作则。足球教师要求学生做到的,首先自己要先做到,身教往往重于言教。

　　另外,足球教师还要强调学生积极的个性行为,如刻苦学习、遵纪守法、帮助同学等,这些良好的个性行为常常会在足球教师的鼓励与赞扬中成为全体学生的榜样行为,从而形成良好的心理教学环境。

第七章　校园足球健康服务体系建设

第一节　校园足球运动员饮食健康服务

一、营养素与营养价值

营养素是指能在体内被消化吸收，供给热能，构成机体组织成分，调节生理机能，为机体进行正常物质代谢所需的物质。营养素包括蛋白质、脂肪、糖类、维生素、矿物质和水六大类。营养素与健康有着密切的关系。

（一）主要营养素

1. 糖

糖类在体内的主要作用是提供热量，机体代谢所需能量的60％是由糖类供应的。其次，糖类还构成组织成分并参与其他物质代谢，对中枢神经系统具有特殊的营养作用：调节脂类代谢，具有解毒、保护肝脏的功能。机体缺糖使血糖下降，首先影响中枢神经系统的机能，使其兴奋性下降，表现为反应迟钝、四肢无力、动作协调性下降，甚至晕厥、运动不能继续。

糖是人体三大能源中最佳的能源，校园足球运动员每天摄取的糖量，一般来说应达到总热量的55％。糖供能具有如下优越性：

第一，在有氧或无氧情况下都能供能。

第二，糖参与有氧代谢供能时，输出功率比脂肪和蛋白质大一倍。

第三，糖供能耗氧量低，氧的利用率高，每消耗 1 升氧，氧化糖可释放热量 5.011 千卡，而氧化脂肪或蛋白质只能释放 4.686 千卡或 4.801 千卡。

第四，糖氧化供能生成的产物二氧化碳和水对机体无害，而脂肪和蛋白质氧化供能生成的产物酮体和氨对机体有害，会引起疲劳发生。

运动生理学表明，肌、肝糖原的贮备量与耐力运动能力密切相关，而校园足球运动对运动员的耐力运动能力要求较高。因此，进行校园足球运动时，给运动员要多选择高糖膳食，使身体内的肌、肝糖原贮量可增加，但要注意增加的比例，一般增加到正常值的 1～2 倍即可。

世界许多国家的运动研究者曾运用各种饮食方案观察肌糖原贮量与运动能力的关系，发现运动员耐力水平很明显地与运动前三天膳食中含糖量有关。若以 70% 强度进行运动，吃一般平衡膳食时，肌糖原含量为 1.75%，肌糖原耗尽时间为 115 分钟；吃高脂、高蛋白膳食时，肌糖原含量为 0.63%，肌糖原耗尽为 60 分钟；吃高糖膳食时，肌糖原含量为 3.75%，运动时肌糖原耗尽时间为 170 分钟，表明增加糖原的贮备量，有推迟运动性疲劳的发生、增强耐力运动能力的作用。运动后吃不同的糖，对机体不同部位糖原的恢复有不同的影响。蜜糖、甜食、乳制品等食物，因含果糖、半乳糖较多，有利于肝糖原的恢复；淀粉及葡萄糖，有利于肌糖原的恢复。

2.脂肪

脂肪是体内构成细胞膜及其他一些重要组织的成分，参与代谢，供给热能，保护内脏，保持体温，并有促进脂溶性维生素的吸收等作用。一般认为，校园足球运动员每日脂肪摄取量应控制在每千克体重 2 克上下为宜。

3.蛋白质

蛋白质是生命活动中第一重要的物质,在人体内的主要生理功能是:构成机体组织、促进生成发育;构成酶和激素成分,调节酸碱平衡及全身生理机能;增强机体抗病免疫能力;供给热能等。一旦缺乏蛋白质,机体的生长发育首先受到影响,肌肉萎缩,甚至贫血,并且抗病力下降,内分泌紊乱,易疲劳,伤口不愈合。

进行校园足球运动时,运动员身体内的蛋白质也参与供能,但一般来说,蛋白质参与供能不是蛋白质的主要功能。在校园足球运动中,运动员表现速度和爆发力时,蛋白质参与供能不明显;而在表现耐力时,肌肉非收缩蛋白质参与供能明显增加。

蛋白质参与氧化供能的比例,约占总热能消耗的 3%～15%,其氧化量与运动强度和持续时间有关。在糖贮备不足时,蛋白质氧化量明显增加。低糖膳食时,蛋白质氧化量比高糖膳食增加一倍。蛋白质参与供能有节省糖的作用,并有调节糖和脂肪氧化供能的能力,这有利于运动能力的维持。然而,过多依赖蛋白质参与供能,因其生成有害的代谢物,会导致运动疲劳的过早发生,而影响运动成绩。因此,食物中蛋白质供应量应是适宜量。①

蛋白质主要来自主食和动物性食物,这些食物的蛋白质含量,大米为 8%,面粉为 10%,鲜肉、鱼类为 15%～20%,蛋类为11%,鲜奶为 3.5%。动物性蛋白质营养价值高于植物性蛋白质,因为动物性蛋白质所含的人体需要的 24 种氨基酸较为齐全,人体利用率高。氨基酸在体内除用于合成人体组织蛋白外,还用于合成和转变为许多生理活性物质,如酶、激素、神经递质、活性肽和抗体等,对提高运动能力,促进疲劳的消除具有重要作用。近年来国内研制的许多天然食、药两用的运动营养食品,即含有人体所需的多种氨基酸。人们对研制、使用氨基酸制剂,以刺激肌肉壮大,促进新陈代谢,提高消除运动疲劳的能力,从而增强运动员的运动能力很感兴趣,然而,这是十分昂贵的,而且效果如何还

---

① 苏蕾.营养与健康[M].北京:中国轻工业出版社,2013.

有待于鉴定。

4. 维生素

维生素是维持人体生命和调节正常机能不可缺少的一类营养素。维生素在体内的储存量很少,必须经常从食物中获得。维生素的种类很多,按其性质可分为脂溶性与水溶性两大类。前者包括维生素 A、D、E、K 四种,后者包括维生素 B_2、B_6、C 等。虽然各种维生素在体内既不构成组织成分,也不提供能量,但它们各有各的功用。总的说来,维生素的作用是调节和维持物质能量代谢,保证生理机能。

在校园足球运动员中存在着维生素供应不足现象,尤其是 B 族维生素和维生素 C,即使每天保持高质量的膳食,也不能确保适宜的维生素状态,不适宜的膳食更会导致维生素的缺乏。经常进食高糖膳食,如高淀粉、甜食、冰淇淋、巧克力等,虽然含高能量,但缺少维生素和无机盐,这对运动能力很有影响,如再补充足够的维生素和无机盐,则可取得满意的效果。

研究证明,校园足球运动员在体内维生素未达到饱和之前,补充维生素有提高自身运动能力的作用。较高的运动能力与体内维生素饱和状态相联系。

5. 无机盐

无机盐也称矿物质,它包括除碳、氢、氧、氮以外的存在于体内的其他各种元素。含量较多的无机盐有钙、镁、钾、钠、磷、硫和氯七种元素。其他元素如铁、铜、锌、氟等存在数量很少,有的只有微量存在,故称之为微量元素。各种无机盐总量约占体重的 5%。无机元素与其他有机的营养物质不同,它不能在人体内合成,除了排出体外,也不会在代谢过程中消失。

无机盐的生理作用十分广泛,概括起来有以下几个方面:作为人体组织的组成部分,如硫、磷参与蛋白质的组成,钙、镁参与骨骼、牙齿的组成;是体液的重要成分,通过渗透压调节水分的储存和流动;维持机体酸碱平衡;参与酶和激素等活性物质组成;是生物产生电生理的物质基础;维持神经、肌肉兴奋性;完成某些特殊功能,如铁参与血红蛋白的构成,对输送氧起重要作用。

钠、钾在人体内对维持体液平衡、酸碱平衡和在神经、肌肉应激性方面具有重要作用。高温下训练可随汗丢失大量的钠、钾,如得不到补充,会引起体液平衡紊乱、血液酸化、代谢障碍和乏力等现象,导致运动能力下降。

钙、磷是骨组织的基本成分,钙、磷缺乏,可引起骨质疏松,易骨折。钙、镁是酶的增活剂,缺乏时代谢能力降低,运动时易发生肌肉抽筋现象。长跑运动员应重视钙的摄入。

铁、铜、锰、锌等是人体重要的微量元素,它们的主要功能是促进物质代谢和能量代谢。铁是 Hb 的成分,缺铁可导致 Hb 降低,甚至发生贫血。锌还具有促进肌肉蛋白质的合成和提高肌力的作用。许多运动员存在着缺铁、缺锌等现象。在校园足球运动中,出汗会使运动员失去大量的微量元素,及时补充铁、锌等微量元素,有利于促进运动员体内糖酵解和有氧代谢能力的提高,对发展他们的肌力、提高他们的速度耐力和耐力水平有非常好的作用。

运用食物多样化,选用优质饮料和矿泉水、富含各种微量元素的营养补品,如铁、锌等强化食品,给运动员补充所必须的微量元素,是提高运动能力的必要因素。

6. 水

在体内的水是构成机体的主要成分,参与身体所有的物质代谢,完成机体的物质运输,调节体温,保证腺体正常分泌。水分必须保持恒定,即体内既不储存多余的水,也不能缺水。缺水若不及时补充,将影响正常生理机能。大量出汗后,补充水分的同时,还要补充适量盐分,以弥补电解质的流失。[①]

---

① 张钧,张蕴琨.运动营养学[M].北京:高等教育出版社,2006.

(二)各类食物的营养价值

1.谷类

谷类包括稻米、小麦、小米、玉米、燕麦等,主要提供碳水化合物、蛋白质、维生素及膳食纤维。谷类食物中人体必须的赖氨酸含量较低,若以纯谷类食物喂养婴幼儿,则有赖氨酸不足的问题。

谷类与豆类或动物性食物搭配,可起到蛋白质的互补作用,能弥补谷类的这一不足。谷类所含的维生素和矿物质,主要分布在谷粒外部的糊粉层和胚芽里,如果碾磨过度,维生素 B_1、蛋白质及钙、铁等损失较多,营养价值降低。

2.肉、蛋及水产类

这几类食物的蛋白质含量高,而且是优质蛋白质,其氨基酸组成更符合人体的需要。它们也是矿物质的良好来源。

畜肉是铁和锌的重要来源,肉类中的铁多以血红素铁的形式存在,生物利用率高。但畜肉的脂肪含饱和脂肪酸较高,必须脂肪酸的含量低于植物油脂。动物肝脏的维生素 A 含量很高,是膳食中维生素 A 的重要来源,动物内脏还富含叶酸、维生素 B_{12} 以及锌、铜、硒等营养素。但有些脏器胆固醇含量很高,故不宜多吃。

蛋类中维生素 A、D、B_1、B_2 含量丰富,蛋黄是磷脂的极好来源,其中卵磷脂能促进脂溶性维生素的吸收。鸡蛋不仅味道好,而且食用方便,深受人们的欢迎。但是,蛋黄含胆固醇高,每个鸡蛋大约含胆固醇 250 至 300 毫克。

水产类食物脂肪含量不高,一般在 1‰～3‰,海鱼中不饱和脂肪酸二十碳五烯酸和二十二碳六烯酸含量高,有降血脂的作用。

3.蔬菜与水果

蔬菜和水果几乎是膳食中维生素 C 和胡萝卜素的唯一来源,也是叶酸的最主要来源。它们还提供丰富的膳食纤维和钙、磷、钾等矿物质。

蔬菜种类繁多,包括植物的叶、茎和花苔,还有茄果、豆荚和蕈藻等。不同的蔬菜中各种营养素的含量却有很大差异。例如,深绿色叶菜如西兰花、油菜、茴香中胡萝卜素、维生素 B_1 和钙的含量是茄子、冬瓜、白萝卜中这些营养素含量的几倍或几十倍;柿子椒、苦瓜中维生素 C 的含量又远高于其他蔬菜。

各种新鲜水果都含有维生素 C,尤以酸枣、鲜枣、沙棘、刺梨等含量最高。每百克这些鲜果中含维生素 C 可达数百毫克。水果中的柠檬酸、苹果酸等可刺激消化液的分泌、帮助食物的消化。

4.豆类

豆类中的大豆(黄豆、黑豆、青豆)含蛋白质 35%～40%,含脂肪 18%左右。其他干豆,如绿豆、芸豆、红小豆等含蛋白质 20%,脂肪 1%左右。豆类含钙、磷、铁,维生素 B_1、B_2 和膳食纤维都很丰富,是价廉物美的营养佳品,尤其是大豆。

大豆中还含有大豆异黄酮,它有弱的雌激素作用,竞争性结合雌激素受体。多项研究结果表明,大豆异黄酮能防止妇女绝经期综合征及乳腺癌的发生。

5.奶类

奶类含各种营养素比较全面,它能提供维生素 A、B_2 和 D。奶类含钙量高,每 10 毫升牛奶含钙在 100 毫克以上,是膳食中钙的主要来源。其所含蛋白质是优质蛋白质,并且容易消化吸收,适合儿童、老人和体弱多病者。

牛奶中铁和维生素 C 含量低,若用牛奶喂养婴儿,应注意补充铁和维生素 C。奶中含有乳糖,乳糖在肠道中能帮助某些乳酸菌的繁殖,抑制腐败菌的生长。但有些成年人缺少乳糖酶,饮奶会引起腹胀、腹痛,此时,可以用酸奶代替牛奶。

二、人体的能量消耗

根据生理学理论,我们可以把人体能量代谢归纳为三大系统:磷酸原供能系统、糖酵解供能系统和有氧氧化供能系统。运动时,人体骨骼肌收缩,肌细胞内的能量供应也是由这三个供能系统分解能源物质来完成的。人体内这三个主要的供能系统在各种运动时供能的比重各不相同,其供能能力的高低,决定了人体的不同运动能力和体能的高低。

人和动物一样,都需要能量以维持生命活动。人类从食物取得的能量,用于生命活动的各种过程,其中包括内脏器官的化学和物理活动、体温的维持、脑力和体力活动,以及生长发育等。

一般说来,成人每天的能量需要量:男性为 3600 千卡,女性为 3200 千卡。若人体长期能量不足,则会出现疲劳、消瘦、抵抗力降低,影响身体的发育、体力、学习和运动的技能。相反,摄入过量热量时,一般就会储存起来,能量的主要储存方式是脂肪。

从营养学角度看,一个少年从 10 岁成长至 18—20 岁的青年学生,身高均数增加 28～30 厘米,体重均数增加 20—30 千克,热量的增加与生长速度是相适应的,不致因热量的增加而引起肥胖。具体来说,人体的能量消耗主要通过以下三种方式。

(一)新陈代谢

基础代谢是维持生命最基本活动所必须的能量需要。每个人在同一生理条件下的基础代谢是接近的。基础代谢主要受体形、年龄、性别和一些生理状态的影响。[1]

人体的能量消耗与其体形,尤其是体表面积有很大的关系,而人的体表面积又与其身高和体重有关。基础代谢与体表面积有着密切的关系,而且也和肌体的去脂组织有密切关系。

男性的去脂组织,尤以其中的骨骼肌比女性相对发达,故基础代谢所需的能量一般高于女生。基础代谢所需能量约为 1500 千卡。

(二)脑力劳动和体力劳动

脑力和体力活动是影响人体能量消耗的最主要因素。能量

---

① 隋洪玉.运动生理学[M].长春:吉林大学出版社,2015.

消耗与活动时间的长短有密切的关系。正常活动所需的能量约为 1600~2000 千卡。

（三）食物的特殊动力作用

食物不同，所消耗的热量也不同。例如，人体摄入蛋白质要多消耗相当于该蛋白质所产生热量的 30％，摄入碳水化合物多消耗其所产生热量的 5％~6％，摄入脂肪时多消耗其所产生热量的 4％~5％。一般情况下，成人由于摄入一般膳食每日多消耗的能量，约为 150 千卡。

根据能量的消耗，我们要进行合理的能量补充。在所有的营养素质中，人体的能量主要来源于食物中的蛋白质、脂肪和碳水化合物。它们每克的产热量分别为 4 千卡、9 千卡、4 千卡。以上三种营养素摄入比例必须适当，才可以满足人体日常的能量需求。[①]

三、人体的能量代谢

在运动过程中，人体的能量消耗明显增加，增加的幅度取决于运动中的强度和持续时间，以及运动者的训练水平。

运动中，人体的直接能量来源于身体内的三磷酸腺苷（ATP）。ATP 是人体其他任何细胞活动（如腺细胞的分泌、神经细胞的兴奋过程中的离子转运）的直接能源。

ATP 贮存在人体的细胞中，其中以肌细胞为最多。ATP 由 1 个称为腺苷的大分子和 3 个较简单的磷酸根组成，磷酸根上有"高能键"，键上贮有大量化学能，故 ATP 这类化合物又称为高能磷化物。当 ATP 末端一个磷酸键断裂时，便释放出能量，使细胞做功或完成其生理功能。

例如，在校园足球训练过程中，运动员体内贮存在肌纤维中

---

① 苏蕾.营养与健康[M].北京：中国轻工业出版社,2013.

的 ATP 在 ATP 酶的催化下迅速分解为二磷酸腺苷(ADP)和无机磷(Pi),同时释放出能量牵动肌丝滑动,使肌纤维缩短完成做功。但是,肌肉中 ATP 的贮量较少,必须边分解边合成,才能不断满足肌肉活动的需要,使肌肉活动得以持久。

事实上,ATP 一被分解就立刻被再合成。再合成所需的能量,根据运动的具体情况,来源有三:一是磷酸肌酸分解放能;二是糖原酵解生能;三是糖和脂肪(还有部分蛋白质)氧化生能。因此,可以说 ATP 主要作用不在于它在肌肉中的贮存量,而在于它的过程是否顺畅。

(一)ATP-CP 系统

磷酸肌酸(简称 CP)是贮存在肌细胞中与 ATP 紧密相关的另一种高能磷化物,分解时能放出能量。

例如,人在进行运动且肌肉收缩和强度很大时,随着 ATP 的迅速分解,CP 随之迅速分解放能,以使 ADP 和 Pi 重新合成ATP。肌肉在安静状态下,高能磷化物以 CP 的形式积累,故肌细胞中 CP 的含量约为 ATP 的 3~5 倍。尽管如此,但其含量也是有限的。在运动中,人随着运动时间的增长,身体内必须有其他能源完成供应 ATP 再合成才能使肌肉活动持续下去。

CP 供能使 ATP 再合成的重要意义不在其含量,而在其快速可动用性,又不需氧且不产生乳酸。CP 和 ATP 不能直接用作营养补剂,因为其分子过大,不能被人体吸收。前面提到过的肌酸能被人体直接吸收,肌酸吸收进入肌细胞后能合成 CP,进而为合成 ATP 所用。因此,在校园足球运动中合理补充运动员的肌酸是提高他们运动水平的一种有效途径。

(二)糖原无氧酵解供能

当人的运动时间较长且强度很大时,机体所需的能量已远超出体内磷酸原系统所能供给的量。同时,机体的供氧量也远远满足不了他们持续运动与高强度运动的需要。这时,人运动所需

ATP 再合成主要靠糖原无氧酵解来提供。因此,糖原无氧酵解是人处于持续运动与高强度运动时,即处于缺氧情况下的主要能量来源。糖原无氧酵解以肌糖原为原料,在把葡萄糖分解成乳酸的过程中生成 ATP。

糖原无氧酵解所产生的乳酸在氧供应充足时,一部分在线粒体中被氧化生能,一部分合成为肝糖原等。乳酸是一种强酸,在体内积聚过多会破坏内环境的酸碱平衡,使肌肉工作能力下降,造成肌肉暂时性疲劳。

糖原无氧酵解供能的特点是不需要氧但产生乳酸,因此它的意义在于在缺氧情况下仍能产生能量,以供体内急需用。

糖无氧酵解能力受以下两个方面因素的影响。

一是体内糖原的含量。当肌糖原的消耗超过一定限度时,糖酵解速度迅速下降,可以说糖酵解潜力的大小在很大程度上取决于肌糖原的含量多少,要想提高校园足球运动员的糖酵解能力,增加他们体内肌糖原的含量是一个快速有效的方法。

二是人体对酸性产物的缓冲能力。人在运动过程中,由于体内酸性产物过多而引起 pH 下降幅度过大时,可导致体内糖酵解的关键酶的活性降低,从而使糖酵解能力下降。维持 pH 稳定的主要物质是体内 $NaHCO_3$,当无氧酵解产生的酸性物质进入血液,与血浆中的 $NaHCO_3$ 发生作用,形成碳酸(弱酸),碳酸又解离为二氧化碳由呼吸器官排出,从而减低了酸度,维持了血液的酸碱度。因此,在校园足球运动训练中,足球教师可以通过给运动员补充碱性饮料,以增强他们机体对酸性产物的缓冲能力来提高无氧酵解的能力。

(三)脑细胞对酸的耐受能力

当人体体内 pH 下降超过一定限度时,可导致神经细胞的兴奋性降低,运动能力下降。但是,经过系统的训练,我们可使人体脑细胞对酸的耐受能力大大提高。

脑细胞对酸的耐受能力表现为个体随意停止呼吸时间延长,

而随意停止呼吸时间的长短是评定个体呼吸中枢对缺氧和二氧化碳增多的耐受性的重要指标。

(四)糖和脂肪的有氧氧化供能

人在运动中,当氧的供应能满足自身对氧的需求时,运动时所需的 ATP 主要由糖、脂肪的有氧氧化来供能,而有氧氧化能提供大量的能量,从而能维持肌肉较长的工作时间。例如,由葡萄糖有氧氧化所产生的 ATP 为无氧糖酵解供能的 19 倍。

虽然磷酸原系统和乳酸能系统在运动过程中都供应一定的能量,但 ATP 和 CP 的最终再合成以及糖酵解产物乳酸的消除却都要通过有氧氧化来实现,高水平的有氧能力可快速、有效地消除无氧代谢过程积累的乳酸。人在运动中,肌肉活动的直接能量来源是 ATP,而肌肉活动所需能量的最终来源是糖和脂肪的有氧氧化。因此,有氧训练是校园足球训练的基础。

有氧氧化的最基本条件是充足的氧供应,空气中的氧首先经过呼吸器官而弥散入血液,红细胞内含的血红蛋白随即与氧结合,而后再经循环系统使血液沿血管流到肌肉组织附近,这时红细胞释放出氧,氧又经过一次弥散进入肌肉组织,肌肉中的糖原、脂肪在酶的作用下利用这些氧进行有氧代谢。因此,氧从空气到肌肉的过程中,所经过的每一系统都可以成为它的影响因素。

一是呼吸系统。肺通气量越大,吸入体内的氧量也就越多;还与呼吸频率和呼吸深度有关,由于解剖无效腔的存在,在锻炼过程中主要加大呼吸深度以消除无效腔的影响以提高氧进入体内的效率。

二是血液系统。血红蛋白的作用是执行氧运输任务,血红蛋白的数量是影响有氧耐力的重要因素。正常人每 100 毫升血液中血红蛋白的含量为男 12～15 克,女 11～14 克,如果低于这一限度,必将会影响到人体的有氧代谢能力。

三是循环系统。心脏泵血功能的好坏是影响有氧氧化一个十分重要的因素。有研究表明,在训练的初期有氧氧化能力的增加主要依赖心输出量的增加。

四、校园足球运动员赛期与赛后恢复期营养特点

(一)赛前期营养特点

赛前十天左右,一般属于减运动量的调整期,这时运动的强度突出而量较小,膳食中热量应相应减少,以防不适宜地增加体重,对比赛不利。此时运动员的膳食应保持较高的蛋白质和足够的糖,减少脂肪的进食量。膳食中蛋白性食物每千克体重不少于3 克;糖含量应达到 60% 或以上。

此外,比赛前十天内还应多吃蔬菜、水果,以供给充足的维生素和微量元素,尽量使它们在体内达到饱和状态。每日维生素A、E、B_1、B_2、C 等可增加到平时的 1~2 倍量。维生素 C、E 摄入后 40~60 分钟即可发挥作用,短、中跑可以在赛前 60 分钟服维生素 C 和 E 各 100 毫克,长跑、马拉松可在赛前 30 分钟服维生素C、E 各 200 毫克,对维持心脏、肌肉、红细胞的功能有好处。

(二)比赛当日的营养特点

1. 比赛前饮食

不要空腹参加比赛,应在赛前 2~3 小时吃最后一餐,食物应体积小、含高能、易消化、合胃口,以糖为主。尽量不吃豆类、肥肉、韭菜、芹菜、粗杂粮等难消化、纤维多、产气多,造成腹胀的食物。比赛当日,运动员饮食应当热量充足,除食用糖外,还应食用蛋白质和脂肪性食物,以维持饱腹感。

另外,运动员要食用维生素和无机盐。赛前 30~90 分钟内不要服糖,因可能引起比赛时出现低血糖反应而影响比赛,但运动前 20~30 分钟内服糖,则有防止低血糖发生的作用,不过补糖量不得超过 60 克,否则会引起胃不适。

2.途中饮料

在校园足球比赛中,运动员体内的水、盐会丢失较多,能量消耗大,途中通过饮料补充能量和水、盐,对维持运动能力有作用。摄入量视气温而定,原则是少量多次,饮料通常是用鲜果汁、糖、柠檬酸、食盐等加水配成。

(三)赛后恢复期营养

长时间竞赛后,运动员恢复期营养的主要任务是尽快恢复体液平衡和体能平衡,以消除疲劳。比赛结束后,运动员应饮用一杯含 100～150 克葡萄糖的果汁,这对促进肝糖原恢复,防止肝脂肪浸润、消除中枢神经疲劳有良好作用。然后,运动员再按照补水原则逐步恢复机体的水盐平衡。在休息 2～3 小时后,可吃一顿精细、可口、高热量的餐食,以促进热量及其他营养素恢复平衡。比赛后两三天内的膳食,仍应维持较高的热量和丰富的营养素,因为比赛时所消耗的热量和营养素不可能在一天内就得到恢复。

此外,恢复期由于运动员身心负担小,运动量和强度都较低,食欲会不断增加,所以要注意控制体重不良的增长,可通过称体重以控制热量平衡。

五、校园足球运动员的合理膳食

(一)合理膳食的原则

第一,膳食应供给运动员必须的各种营养素和足够的食物量,以期达到平衡膳食的要求,而且要易于消化和吸收,适应运动员参与校园足球运动与竞赛的需求。

第二,要养成良好的进食习惯,同时膳食中的食物必须多样化,达到营养的全面吸收。

第三,适应校园足球运动时间与负荷强度的要求,形成规律的饮食制度。

第四,热量摄入要合理分配,在用餐时间、食物选择上有所区别,满足不同时段的不同需要。①

(二)合理膳食的注意事项

1. 不偏食,不挑食

校园足球运动员的主体是学生。就目前来看,我国许多学生依然存在偏食、挑食的问题。有些学生专门喜欢吃某几种食物,有些人根本不吃某几种食物。

偏食和挑食对学生的生长发育非常不利,对已经成为校园足球运动员的学生而言更是不利。因此,运动员要从主观上努力纠正偏食、挑食的坏习惯。另外,运动员的进食要多样化,要有意识地在喜欢吃的食物中加些不喜欢吃的,或设法改变这种食物的烹调方法。

总之,运动员应摄入平衡饮食,即蛋白质、脂肪、糖类、矿物质和微量元素、维生素、食物纤维等,比例要合适,米、面、蔬菜、肉、蛋、禽、豆制品都应该吃,不能偏食。

2. 忌暴饮暴食

暴饮暴食,就是一次吃喝得太多,超过正常饮食量的一倍或几倍。人如果暴饮暴食,可能会引起急性胃炎,出现上腹饱胀、腹痛等,如救治不及时,可能引起胃穿孔,危及生命。另外,暴饮暴食还能引起人的胰腺分泌大量胰液,在短时间内消化酶骤增,引起胰腺自身消化,发生胆管疾病或急性胰腺炎,死亡率很高。校园足球运动耗能较大,有些运动员为了快速补充身体能量,不听教练员的指导,在运动前、运动中或运动后暴饮暴食,从而引发了许多胃部疾病。关于这一点,运动员们要特别注意。

3. 避免过多的进食冷饮冷食

有些运动员在运动结束后,为了解渴,一次喝很多冷饮或吃

---

① 郭英.合理膳食[M].长春:吉林大学出版社,2014.

很多冷食,虽然好像满足了口渴的要求,但严重伤害了他们的肠胃。从生理学角度来讲,人在运动后或身体很热时,肠胃道的血管处于收缩状态,大部分血液集中到参加运动的四肢肌肉中,或是到体表扩张的血管里,以利散热。这时,如果胃受到冷饮冷食的刺激,就很有可能出现胃幽门痉挛,致使水分积存在胃内,引起腹部闷胀不适。另外,若胃肠突然受到过冷的刺激,还可能引起胃肠血管痉挛以及胃肠壁的平滑肌强直收缩,从而出现阵发性腹痛。因此,运动员在运动结束后一定要避免过多地进食冷饮冷食。

4. 不盲目追求高蛋白、高脂肪饮食

有的运动员盲目追求高能、高蛋白饮食,大量食用牛奶、鸡蛋、面包,这是典型的西方运动员的饮食搭配。固然,这种饮食搭配的确能够高效地给运动员补充能量,但是东方人毕竟与西方人有很大差异。盲目地模仿,很有可能造成消化不良和营养素的失衡。

第二节　校园足球运动员运动健康服务

一、校园足球运动员常见运动损伤与处理

(一)出血

出血可分为外出血和内出血两类。其中外出血分为动脉出血、静脉出血和毛细血管出血三种,可从出血的颜色和出血的情形做出判断。动脉出血呈喷射状,血色鲜红;静脉出血漫涌而出,血色暗红;毛细血管出血为缓慢渗出。

一般成人的血液总量为4000～5000毫升。若急性大出血达到全身总血量的20%,即可出现面色苍白、头晕乏力、口渴等急性

贫血的症状;若出血量超过全身总血量的 30%,将危及生命。因此,对外出血的伤员,尤其是大动脉的出血,必须立即止血;对有内脏或颅内出血的伤员,应尽快送医院处理。

止血的方法一般有以下三种。

1. 冷敷法

常用于急性闭合性软组织损伤,最简便的方法是用冷水冲洗或用冷毛巾敷于伤处,有条件的可使用氯化烷喷射。

2. 抬高伤肢法

用于四肢出血,抬高伤肢,使伤处血压降低,血流量减少,以达到减少出血的目的。

3. 压迫法

包括指压法、绷带加压包扎法和止血带法。

(1)指压法

用手指指腹压在出血动脉近心端相应的骨面上,以阻断血液的流动来达到止血的效果。这种止血方法常用于动脉出血,操作简便,止血迅速,是一种临时性止血的好方法。

(2)绷带加压包扎法

用数层无菌敷料覆盖伤口,再用绷带加压包扎,以压出血的血管而达到止血的效果,同时抬高伤肢。适用于小动脉、小静脉和毛细血管的止血。

(3)止血带法

用胶管或用绳子之类(宽布条、三角巾和毛巾均可)绑扎在伤口的近心端。较大的肢体动脉出血,且为运送伤员方便起见应上止血带。若上肢出血,止血带应结扎在上臂的上 1/3 处,禁止扎在中段,避免损伤桡神经;若下肢出血,止血带扎在大腿的中部。

需注意的是:上止血带前,先要将伤肢抬高,尽量使静脉血回流,并用软织敷料垫好局部,然后再扎止血带,以止血带远端肢体动脉刚刚摸不到为度。扎上止血带后,每隔 0.5~1 小时必须放松一次,放松 3~5 分钟后再扎上,以防组织长时间缺氧而坏死,放松止血带时可暂用指压法止血。[①]

(二)软组织损伤

1.挫伤

人体某部位遭受钝性暴力作用而引起该处及其深部组织的闭合性损伤,称为挫伤。

(1)原因

运动中相互冲撞、被踢打或身体碰撞在器械上,都可发生局部和深层组织的挫伤。最常见的挫伤部位是大腿和小腿的前部。此外,头部和躯干部的挫伤可并发脑组织和内脏器官的损伤。

(2)症状

单纯性肌肉挫伤,轻者局部仅有疼痛、压痛、肿胀、功能障碍。重者,可因皮下出血形成血肿或瘀斑,疼痛和功能障碍都较明显。

复杂性挫伤是一种较为严重的损伤。如头部挫伤,轻者可发生脑震荡,严重者可有颅骨骨折而危及生命;胸、背部挫伤可合并肋骨骨折,形成气胸或血胸。腰、腹部挫伤可合并肾挫伤和肝、脾破裂而引起内出血和休克。

(3)处理

单纯性挫伤在局部冷敷后外敷新伤药,加压包扎、抬高患肢。头部、躯干挫伤休克症状出现者应首先进行抗休克处理,保温、止痛、止血、矫正休克后,立即送医院治疗。

2.肌肉拉伤

肌肉主动强烈的收缩或被动过度拉长所造成的肌肉微细损伤、肌肉部分撕裂或完全断裂,称为肌肉拉伤。

(1)原因

运动者在完成各种动作时,肌肉主动猛烈收缩超过了肌肉本身的负担能力;或突然被动过度拉长,超过了肌肉的伸展性,都可发生拉伤。如在足球运动中,运动者突然侧跳接球,臂部与腿部

---

① 颜智,尹煜华.运动性伤病与处理[M].北京:人民体育出版社,2011.

的肌肉瞬时过度拉伸发生损伤。

（2）症状

局部疼痛、压痛、肿胀、肌肉紧张、发硬、痉挛。当受伤肌肉主动或被动拉长时疼痛加重。有些损伤有闪痛、撕裂样感，肿胀明显及皮下瘀血严重，触摸局部有凹陷及一端异常隆起者，可能为肌肉断裂。

（3）处理

肌肉轻度拉伤及痉挛者，用针刺疗法会取得显著疗效，肌肉部分断裂者，早期用冷敷、加压包扎，还要把患肢放在使受伤肌肉松弛的位置以减轻疼痛。48 小时后开始按摩，手法要轻缓。怀疑有肌肉、肌腱完全断裂者，应在局部加压包扎，固定患肢，立即送医院确诊，必要时还要接受手术治疗。

3. 擦伤

擦伤是足球运动中最常发生的一种损伤，多发生于磕碰足球球门、摔倒等意外情况下。

（1）主要症状

皮肤被擦破出血或有组织液渗出，有一定的创口。

（2）处理方法

小面积轻度擦伤，伤口干净者，只需涂抹一些红药水即可；大面积重度擦伤，先用生理盐水清洗伤口后，涂抹红药水，再盖消毒布，然后用纱布包扎。

4. 撕裂伤

在足球运动过程中，运动者受到突然强烈撞击时会造成肌肉撕裂。

（1）主要症状

伤口周围多不整齐，常常伴有周围软组织的损伤。

（2）处理方法

轻度伤用红药水涂抹即可；裂口大时则需止血和缝合伤口，必要时注射破伤风抗毒血清，以防感染。

(三)踝关节扭伤

踝关节扭伤是足球运动中最常见的一种关节韧带损伤。

1. 原因

在运动中,运动员跳起接球或扣球后落地时失去平衡,踝关节过度内翻或外翻致伤。另外,运动者在准备活动不充分,场地不平坦的情况下,也非常容易造成这类损伤。

2. 主要症状

运动员在准备活动不充分,场地不平坦的情况下,也非常容易造成这类损伤。

3. 处理

受伤后,应立即冷敷,用绷带固定包扎,并抬高伤肢。24 小时后,根据伤情采取综合治疗,如外敷伤药,理疗,按摩等,必要时进行封闭疗法。待伤情好转后,实施功能性练习。较重者,可采用石膏固定治疗。

(四)髌骨劳损

髌骨具有保护股骨关节面、维护关节外形和传递肱四头肌力量的作用,是维护膝关节正常功能的主要结构。

1. 原因

髌骨劳损是膝关节长期负担过重或反复损伤积累而成的,也可是一次直接外撞击致伤。运动者跳跃、跑动不合理或撞倒受击,都可能导致这种受伤。

2. 主要症状

膝关节酸软疼痛;髌骨压迫痛;单足半蹲的时候有痛感,少数患者因长期膝关节痛不敢用力而导致肌肉萎缩或有少许关节积液。

3. 处理

采用按摩、中药外敷、针灸等方法都有一定疗效。另外,平时加强膝关节肌群力量练习,如采用高位静力半蹲,每次保持 3～5 分钟即可,伤情好转后,可逐渐增加时间,每日进行 1～2 次。

(五)急性腰扭伤

运动员在运动时,肌肉突然收缩,使少数肌纤维被拉断,扭转,称急性腰扭伤

1.原因

多数腰部扭伤都是腰部受力过重,或脊柱运动时超过了正常生理范围,例如挺身式跳远中,展体过大;举重上挺时,过分挺胸,都有可能造成腰部扭伤。

2.主要症状

损伤后,当场疼痛,有时听到瞬间"格格"的响声,有时出现腰部肌肉痉挛或运动受限。

3.处理

腰部急性扭伤后,让患者平卧,一般不应立即扶动。例如,剧烈疼痛,则用担架抬送医院进行治疗。处理后,应卧硬板床或腰垫一枕头,使肌肉韧带处于放松状态,也可针灸、外敷伤药或按摩。

(六)关节脱位

因受外力作用,使关节面失去正常的连接关系,称关节脱位。关节脱位可分为完全脱位和半脱位两种。严重的关节脱位,伴有关节囊撕裂,甚至损伤神经。

1.原因

校园足球运动中发生的关节脱位,大多是运动员受到间接外力撞击所致。例如,运动员为了抢对手的带球或传球,采用滑铲,引起膝关节或踝关节脱位。

2.主要症状

关节脱位后,常出现畸形,与健肢对比不对称,因软组织而出

现炎症反应。局部疼痛、压痛和关节肿胀,并失去正常活动功能,甚至发生肌肉痉挛现象。

3. 处理

用长度和宽度相称的夹板固定伤肢。如果没有夹板,可将伤肢固定在自己的躯干或健肢上,防止震动,随后立即送医院治疗复位。

(七)骨折

骨折是比较严重的运动损伤。它分为不完全性骨折和完全性骨折两种。常见的骨折有肱骨、前臂骨、手骨、大腿骨、小腿骨、肋骨、脊柱骨和头骨骨折等。

1. 原因

在校园足球运动中,运动员身体某部位受到直接或间接的暴力撞击时,造成骨折。例如在跳起头球后,落地方式不正确,造成胫骨骨折;摔倒时手臂直接撑地引起尺骨骨折;跪倒时可造成髌骨骨折等。

2. 主要症状

骨折发生后,患处立即出现肿胀,皮下瘀血,产生剧烈疼痛,肢体失去正常功能,肌肉产生痉挛,有时骨折部位发生变形,移动时可听到骨擦声。严重骨折时,伴有出血和神经损伤、发烧、口渴,直至休克等全身性症状。

3. 处理

骨折后,若出现休克,应进行处理,即点掐人中穴,并进行口对口人工呼吸或心脏胸外按摩;若伴有伤口出血,应同时实施止血和包扎。骨折后暂时不要移动患肢,应用夹板或其他代用品固定伤肢,及时护送医院检查和治疗。

(八)脑震荡

脑震荡是脑损伤中最轻而又较多见的一种,是头部受到外力打击后,神经细胞和神经纤维受到普遍震动后引起的意识和功能的一时性障碍,不久即可恢复,多无明显的解剖病理改变。

1.原因

在校园足球运动中,许多运动员在抢头球时经常出现头部互相撞击的现象,这是引发脑震荡的主要原因。

2.主要症状

脑震荡时,神志昏迷,脉搏徐缓,肌肉松弛,瞳孔稍大但能对称,神经反射减弱或消失,清醒后,患者常有头痛、头晕、恶心呕吐感;平时情绪烦躁,注意力不集中,耳鸣、心悸、多汗、失眠、记忆力减退等。

3.处理

立即让患者平卧,头部冷敷。若有昏迷,指掐人中、内关、合谷穴;若呼吸发生障碍,立即进行人工呼吸。上述处理后,出现反复昏迷或耳、鼻、口出血,两瞳孔放大又不对称时,表明病情严重,应立即护送医院治疗。在运送途中,要让患者平卧,头部固定,避免颠簸。

二、校园足球运动员常见运动损伤的预防

缺乏准备活动或准备活动不合理,是造成运动员产生运动损伤的重要原因。因此,运动者在进行正式的校园足球运动前,一定要做好准备活动。①

(一)准备活动的内容

准备活动的内容应根据校园足球运动的内容、运动员的年龄、性别等条件的限制来安排。准备活动的内容和形式多种多样,对场地和器材的要求也有很大的伸缩性。同时,准备活动的

---

① 何昌军.足球运动的损伤及预防措施[J].新课程(中学),2015(4).

动作、路线、方法等内容都有很大的可变性。例如,根据运动员的具体情况和不同要求,准备活动可以是正常的跑、跳、走,也可以是变向跑、跳、走等;可以是严格规范化的,也可以是一般要求的;活动路线可以是直线的,也可以是曲线的。

(二)准备活动应注意的方面

1.教练员要加强运动员的思想教育,严格要求

在校园足球运动过程中,许多运动损伤都是运动员因为事先没有进行准备活动,或准备活动做得不充分、不科学造成的。因此,教练员必须对运动员进行准备活动目的性、重要性等内容的教育。

2.教练员要选择好示范位置,示范动作要正确

教练员的示范是为了给运动员建立正确、完整的直观形象,在运动员的脑海中形成正确的动作定型。教练员只有示范正确,运动员的动作才能做到准确、规范。

通常情况下,教练员的示范应站在横排等边三角形顶点,运动员站队应侧对或背对阳光与风向。如果运动员站成半圆形或圆形,教练员应站在圆形队队形的中心;如果运动员成纵队,教练员应站在排头的左前方,这样才能确保全体运动员都能看清楚示范,否则会影响个别运动员的情绪,从而导致示范效果不佳。

3.运动员的准备活动应层次清楚,重点突出

在准备活动中,教练员应安排一些脚步动作练习,如前转身、后转身、小步跑、后蹬跑、高抬腿跑、加速跑等。这样安排便于引起运动员的生理变化,提高他们中枢神经的兴奋性。

三、校园足球运动员运动过程中的生理反应及其预防

在校园足球运动过程中,由于受自身条件、天气等影响,运动员可能在运动过程中会出现许多生理现象,如极点、第二次呼吸、

中暑、肌肉酸痛等，虽说是正常现象，但教练员绝不容忽视。在此简单讲述一下极点、第二次呼吸及运动性肌肉酸痛的预防。

（一）极点和第二次呼吸

人在剧烈运动时，常常会出现胸闷、呼吸急促、动作迟缓而不协调，甚至恶心等现象，这在运动生理学上称为"极点"。"极点"出现后，人应适当减慢运动速度、减少运动量，并注意加深呼吸，坚持下去，上述生理反应就会逐步缓解与消失。随后，人的动作将变得协调有力，呼吸均匀自如，一切不良感觉消失并恢复正常，此种现象，运动生理学称之为"第二次呼吸"。

1. 产生原因

人在进行剧烈运动时，运动器官能很快达到最高机能水平，而内脏器官则一时跟不上运动器官的需要，造成机体缺氧和酸性代谢产物的堆积。在这些代谢产物刺激下，引起呼吸、循环系统活动失调和大脑皮层动力定型的暂时紊乱，从而产生"极点"现象。

极点出现后，如果人坚持继续运动，内脏器官惰性逐渐被克服，改善了氧的供应，加上极点出现后运动速度减慢，乳酸产生减少，使运动器官和内脏器官的功能关系基本协调，生理过程出现新的平衡，故出现了"第二次呼吸"。

在校园足球运动中，运动员出现"极点"与"第二次呼吸"的情况非常多见。因此，教练员一定要向运动员讲明这两个概念的产生原因，让他们清晰地了解"极点"与"第二次呼吸"是如何产生的。只有这样，他们才能在日常的运动与训练中正确看待与灵活掌控这两个生理现象。

2. 处置与预防

对于"极点"与"第一次呼吸"，运动员无需疑惑和恐惧。只要坚持经常锻炼，运动前做好准备活动，运动中适当增加呼吸深度，稳定情绪，这些生理现象都是可以延缓和减轻的，甚至可以不出现。

（二）运动性肌肉酸痛

很多运动员在参加完校园足球运动之后往往感到肌肉有酸痛感觉，这在运动医学中叫运动性肌肉酸痛。

1. 产生原因

运动员在进行校园足球运动时，若他们的肌肉活动量太大，就会引起身体局部肌纤维及结缔组织出现细微损伤，有时部分肌纤维会出现痉挛，从而出现运动性肌肉酸痛。值得说明的是，这种酸痛不是发生在运动员结束运动后的即刻，而是发生在运动员结束运动的 1～2 天以后。

运动性肌肉酸痛现象只是局部肌纤维损伤和痉挛，不影响整块肌肉的运动功能，但存在酸痛、发胀、发硬等感觉。所以，酸痛后经过肌肉内部对细微损伤的修复，肌肉组织会变得更加强壮，以后同样的负荷将不易再发生酸痛。

2. 处置与预防

（1）静力牵拉法。可对酸痛局部进行静力牵拉练习，即将肌肉先慢慢拉长，然后在拉长位置保持 2～3 秒静止状态。例如，对大腿前侧肌群做静力牵拉时，可让患伤的运动员俯卧在地上将腿伸直，让另一名运动员将其腿慢慢抬起，然后静置 2～3 秒再放下，重复 2～3 次即可。注意做时不可用力过猛，以免牵拉时再使肌纤维损伤。

（2）按摩。运动后有条件应进行按摩，使肌肉放松，促进血液循环，缓解肌肉痉挛和损伤组织修复。

（3）热敷。对酸痛的局部肌肉进行热敷，可促进血液循环及代谢过程，有助于损伤组织的修复及痉挛的缓解。

（4）针灸和电疗。对缓解酸痛也有良好的效果。

3. 预防

运动员在进行正式的校园足球运动前，应充分做好准备活动，并注意对即将运动时负荷重的局部肌肉进行活动；运动时，应根据自身的身体状况科学地安排运动负荷,尽量避免局部肌肉负担过重;运动结束后,做好相应的整理活动,除进行一般性放松练习外,还应重视肌肉的伸展性练习。

四、校园足球运动结束后的放松整理活动

校园足球运动过程中,运动员应合理选择放松整理活动的方法和手段,以有效消除运动后疲劳,达到校园足球运动的理想效果。

(一)放松整理活动的理论依据

运动生理学表明,人体在剧烈运动后不可立即进入安静状态,而应继续进行一段时间的轻量运动,使亢进的功能逐渐恢复为基础水准。这种在高强度运动之后的轻量运动,称为放松整理活动。放松整理活动的目的就是缓解人的"运动状态",消除各种疲劳,尽快恢复体力和精力。因此,在校园足球运动过程中,教练员一定要高度重视、狠抓落实放松整理活动。[①]

对于校园足球运动员而言,放松整理活动之所以能够消除他们运动后的疲劳,其作用表现为以下几个方面。

第一,可以促使运动员从紧张的运动状态逐步过渡到缓和的安静状态。在进行校园足球运动时,运动员常处在激烈、紧张的活动状态中,而他们在剧烈运动后不可能也难以立即进入安静状态。这就需要让他们在运动结束后及时进行放松与整理,以便促进各项生理指标恢复正常水准,让紧张、超量运动的肌体逐渐进入轻松、平稳的安静状态。

第二,可以最大限度消除运动员的身心疲劳,有效地促进他们体力和精力的恢复。运动员运动结束后,由于体力和精力的透支,伴随着会出现各种疲劳。这些疲劳既有身体疲劳,如呼吸不

---

① 王荣凯,王婴宁.浅析足球运动员运动性疲劳产生与消除[J].当代体育科技,2016(3).

稳定、动作不协调、肌肉疼痛,也有精神疲劳,如反应迟钝、判断错误、注意力不集中等。这些虽然属于正常的生理性疲劳,但如果没有得到及时有效的消除,随着运动密度和强度的增加,就可能使疲劳积累,发展成为过度疲劳或慢性疲劳。这种疲劳属于病理性疲劳,是一种较严重的运动性疲劳。要预防上述不良症状的发生,运动员在校园足球运动之后,就必须做一些放松整理活动。

第三,可以偿还氧债,加速消除乳酸,有效地缓解肌肉酸痛。在校园足球运动过程中,运动员需要进行大量的肌肉运动,尤其是下肢肌肉运动。由于紧张、剧烈的肌肉运动耗氧量极大,必然导致机体欠下一些氧债,体内积累大量乳酸,同时运动后的肌肉往往不容易放松,甚至会僵硬酸痛。在运动之后,运动员通过放松整理活动,可以使肌肉血液量增加,加速乳酸消除,并使肌肉充分放松,减少肌肉的延迟性酸痛。

第四,可以加速下肢血液的回流,保持心血管系统的正常机能,减缓头晕、恶心等不良症状。整理活动可以预防运动员在校园足球运动骤然停止后可能引起的机体功能失调。例如,运动员做带球跑时,传球给队友或直接射门后突然站立不动,此时血液大量集中在下肢扩张的血管内,使静脉回心量减少,因而心输出量下降,血压降低,造成暂时性脑贫血,产生不适感,甚至出现"重力性休克"。为了避免这种情况,可以通过慢跑或走动的整理活动,促进下肢的血液回心。

(二)放松整理活动的种类

在校园足球运动实践中,放松整理活动主要包括肌肉放松整理活动和心理放松整理两类。所运用的方法必须根据不同内容来确定。

1. 肌肉放松整理活动

(1)缓慢牵拉

包括前臂肌的屈伸牵拉、肘关节的牵拉、肩关节内收牵拉、肩关节上举牵拉、腰背肌腹肌牵拉、大腿屈伸肌的牵拉。运用时,教练员应根据运动员具体的肌肉疲劳感对它们进行不同的缓慢牵拉。

（2）积极性休息

运动员在高负荷运动后,可在轻松愉悦的气氛中走、慢跑、听音乐等,使疲劳的身体状况慢慢恢复。

（3）游戏活动

教练员可以组织一系列轻松的游戏活动,调节运动员运动后的身心状态。不同的游戏活动,能够消除运动员不同部位的疲劳。因此,教练员必须依据运动员疲劳的部位,设计不同的游戏活动。

2.心理放松整理

很多情况下,运动员运动后出现的肌肉疲劳容易通过放松练习、休息而得到缓解和消除,但出现的心理疲劳、心理紧张、心理恐惧,却很难在短时间内消除。尤其是对一些年龄较小、心理承受能力较低的运动员更是如此。因此,教练员一定要高度重视运动员的心理放松整理。

通常情况下,运动员心理放松整理的方法有慢跑调整、语言提示、游戏逗趣、自我调节等,更多的时候要依据校园足球运动项目的特点加以综合运用。例如,校园足球的对抗性较强,对抗过程中的身体碰撞、言语冲突对运动员情绪的影响比较大,会在无意之中给运动员产生较深的心理疲劳。针对此情况,教练员在设计放松整理活动时,可以运用语言提示法,引导运动员进行意念放松。在进行语言提示时,要求环境应尽量安静,语言要轻缓,让运动员的意念随着提示由上而下地放松身体各部位。

（三）放松整理活动的原则

1.针对性原则

放松整理活动的方法、手段要针对运动员的年龄、性别等特征选择,多运用运动员感兴趣的游戏活动法;强度应针对校园足球运动的强度而定,强则大,弱则小;内容应针对校园足球运动的主要内容的性质选择,注意运动员下肢部位的放松与整理。

2.适量性原则

做整理活动时,动作应该缓和,尽量使肌肉放松,量不宜太大。特别要注意使参与活动的肌肉得到适度伸展和拉长,以解除肌肉痉挛。

3.渐减性原则

整理活动的内容和准备活动的内容相似,但安排的顺序相反。活动的强度逐渐下降,活动量逐渐减少,节奏逐渐放慢,以使呼吸频率和心率下降。

(四)放松整理活动的配合疗法

1.物理疗法

物理治疗是指应用天然的或人工的物理因子,如光、电、声、磁、热、冷等作用于人体,引起局部或全身的生理效应,从而起到康复和提高机能的治疗方法。我们日常所见的电疗、超声波疗、热疗、冷疗、光疗、蜡疗、水疗、磁疗以及生物反馈等都属于物理疗法。对于校园足球运动员而言,物理疗法能够快速帮助他们恢复体能,消除身体疲劳。需要注意的是,物理疗法对运动员的身体机能有一定要求,并不是所有的运动员都适合这种疗法。

2.入浴疗法

温水浴水温以 42.4℃ 左右为宜,时间为 10～15 分钟,每天 1～2次。运动结束后 30 分钟可进行温水浴。但要注意,入浴时间过长,次数过频、水的温度过高也会消耗能量而造成疲劳。

冷热水浴可交替性地使血管收缩和舒张,更有效地促进血液循环。进行冷热水浴时,热水温度 40℃,冷水温度 15℃,冷水浴时间为 1 分钟,热水浴时间为 3 分钟,交替 3 次。

3.睡眠疗法

睡眠对运动员机体功能的恢复是非常重要的。睡眠时,运动员感觉减退、意识逐渐消失,机体与环境的主动联系大大减弱,失去了对环境变化的精确适应能力,全身肌肉处于放松状态。

第三节　校园足球运动员心理健康服务

一、心理健康简介

(一)心理健康的含义

多年以来,国内外很多专家学者都从多个角度对心理健康进行了深入的研究与探讨,但终究没有给它下一个确切的定义。由此看出,心理健康与健康类似,它的概念也是随时代变迁、社会文化因素影响而不断变化的。

心理健康有广义和狭义之分。广义的心理健康是指一种高效而满意的、持续的心理状态。在这种状态下,人能做出良好的反应,具有生命的活力,而且能充分发挥其身心潜能。狭义的心理健康是指人的心理活动和社会适应状态良好,是人的基本心理活动协调一致的过程,即认识、情感、意志、行为和人格完整协调,能顺应社会,与社会保持同步的过程。[①]

(二)心理健康的标准

人的心理健康有一定的标准,但它不及人的生理健康标准那样具体与客观。了解与掌握心理健康的标准对于增强与维护我们的健康有很重要的意义。具体而言,心理健康的标准有以下10点。

1. 智力发展正常

智力是指一个人的观察力、注意力、记忆力、想象力和思维能

---

① 何冬梅,王丽娜.大学生心理健康教育教程[M].北京:中国电力出版社,2010.

力等能力的综合。心理学对智力定义存在不同观点：智力是一种先天的心理能量，或智力是一个人心智操作所达到的水平，或智力是一种被心理学家赋予的品质。

智力发展正常，是一个人学习、生活、工作的基本心理基础，也是一个人适应周围环境、谋求自我发展的心理保证。可以说，智力正常是一个人心理健康的首要标准。

2. 保持积极的情绪

从生理学上来讲，情绪是神经系统活动的结果和表现，是大脑皮层和皮层下许多部位协同活动的过程。具体而言，情绪是一系列主观认知经验的通称，是多种感觉、思想和行为综合产生的心理和生理状态。情绪有积极和消极之分，积极的情绪促进人的发展，消极的情绪阻碍人的发展。

情绪稳定、乐观是心理健康的主要标志。心理健康的人的积极情绪多于消极情绪，总体上能保持乐观、积极向上的心态。当然，每个人在生活、学习及工作中都难免遇到困难和挫折，但对于情绪稳定、乐观的人来说，他们能够及时调整自己的不良情绪，采取积极的态度面对困难与挫折，最终获得成功。

具有积极情绪的人愉快、乐观、开朗，虽然也会有悲、忧、愁、怒等消极的情绪体验，但一般不会长久。他们能适当地表达和控制自己的情绪，不以物喜，不以己悲；言谈举止都能够保持谦逊不卑、自尊自重；在社会交往中既不妄想也不畏缩恐惧；具有明确的人生观、价值观与世界观；能够以自身为标准，影响他人，并促使他们也能保持积极的情绪。

3. 意志品质健全

意志品质是个体意志行为特点构成的稳定的心理特征的总和，主要包括意志的自觉性、顽强性、果断性、坚韧性和自制性。

自觉性，是指个体在行动中具有明确的目的，能认识到行动的社会意义，并能够主动地调节、支配自己的行动，以服从于社会要求的心理品质。有自觉性的人，非常明确自己行动的目的，目标一旦形成便不会轻易让外界影响自己，但在同时又会很善于接受一切有益的意见。自觉性反映了一个人的坚定的立场和信仰，它是产生坚强意志的来源，贯穿于整个意志行动的始末。

顽强性，有两方面的含义：一是指坚定的意志，即在任何时候、任何条件下都不慌乱，对目标具有执着的追求；二是指顽强的毅力，即为了目标不怕困难，坚持到底。

果断性，是指个体根据客观环境变化的状况，能迅速而合理地采取决定，并做出决定的品质。具有果断性的人，当客观情况需要立即做出决定时，他会毫不犹豫地采取果断措施。当然，在客观情况需要延缓决定时，他又会深思熟虑，不会优柔寡断，草率行事。

坚韧性又称坚定性、顽强性。它表现为长时间坚信自己决定的合理性，并坚持不懈地为执行决定而努力。具有坚韧性的人，能在困难面前不退缩、在压力面前不屈服、在引诱面前不动摇。这种人具有明确的行动方向，并且能坚定不移地朝着他先前制订的目标前进。值得说明的是，坚韧性不同于执拗。执拗的人不能正视现实，不能根据已经发生变化的形势灵活地采取对策，也不能放弃那些明显不合理的决定。坚韧性是与独立性相联系的，具有独立性的人不易为环境因素的变化而动摇；而执拗是和武断相联系的。

自制性即自制力，它主要表现在两方面：一是指能抵制与实现目标不一致的思想、外界的诱惑等；二是指为了达到目标能够忍受各种痛苦和磨难。自制力的高低反映着意志品质抑制智能的强弱。自制力强的人，组织性、纪律性较强，并且注意力也非常集中。

4.自我意识正确

自我意识，是个体对自己存在状态的认知，也称自我、自我概念。自我意识所包含的内容非常丰富，主要有对自己生理状态、心理状态、人际关系及社会角色的认知。从心理学意义上讲，自我意识是个体的一种自觉心理状态，贯穿于人的各种心理活动中。

通常情况下,自我意识表现为认知的、情绪情感的与意志的三部分,分别称为自我认识、自我体验与自我调节。

自我认识是自我意识的认知部分。它包括自我感觉、自我观察、自我观念、自我分析和自我评价等。例如,"我身体很强壮""我非常聪明""我腿很长""我很会找东西""我的脾气不好"等。概括而言,自我认识主要涉及"我是一个什么样的人""我有什么特点""我为什么是这样一个人"等问题。

自我评价是在自我感觉、自我观察和自我分析的基础上,按照一定标准对自己各种身心状况、人际关系的认知、个性品质等方面进行的评估。例如,"我是一个老实的人""我很坚强""我能抵制很多诱惑"等。自我评价集中代表了自我意识的发展水平,是自我体验和自我调节的前提,也是自我意识的核心。

自我体验是自我意识的情感成分,是伴随自我认知而产生的情绪情感体验。它包括自我感受、自尊心、自信心、自爱、自恃、自卑、自怜、责任感、义务感、优越感、羞耻感、荣誉感等。例如,一个男孩觉得自己太消瘦了,不喜欢自己的身材。自我体验主要涉及"我是否满意自己""我能否接受自己的某些行为"等内容。

5.人格和谐完整

人格是构成一个人的思想、情感及行为的特有统合模式,这个独特模式包含了一个人区别于他人的稳定而统一的心理品质。人格内容广泛,主要包括能力、物质、性格、需要、动机、兴趣、理想、信念、世界观等很多因素。人格具有独特性、稳定性、统合性、功能性四大特征。

心理健康者的人格在其整体的精神面貌中能够完善、协调、和谐地表现出来。主要表现在:思考问题的方式是适中而合理的,待人接物能采取恰当、灵活的态度,对外界事物不会有偏激的行为和反应,既能与社会的步调合拍,也能与集体融为一体。

6.人际关系和谐

人际关系是指人与人之间由于交往而产生的一种比较稳定的心理关系,它是在一定的群体背景中,个体在交往的基础上形成的,是由个体的个性特点进行调节并伴随着产生满意或不满意的情感。和谐的人际关系既是心理健康水平的一个重要标志,也是提高人们心理健康水平的一个重要途径。人际关系的实质是人的全部社会关系中的"心理关系"。人际关系以社会关系①为基础,受社会关系制约;反过来又影响社会关系的发展。

人际关系和谐的人乐于与人交往,不仅能接受自我,也能接受他人,悦纳他人,能认可别人存在的重要性。这样的人能为他人所理解,为他人和集体所接受,能与他人相互沟通和交往,人际关系协调和谐,能与集体融为一体,既能在与挚友间相聚之时共欢乐,也能在独处沉思之时无孤独感。

7.适应能力良好

适应能力是个体看待一个问题或危机时,能够发现一整套非常规解决方案的能力。适应能力不仅仅局限在人类领域,在植物、动物、微生物领域也都存在。

适应能力包括三个方面:生理适应能力、心理适应能力与社会适应能力。其中生理适应能力是对声音、味道等刺激物的适应;心理适应是面对环境变化和遭遇挫折后借助心理防御机制使人减轻压力、恢复平衡的调节过程;社会适应是个体为了生存发展而努力改变环境,并使其满足自己的需求。

8.人生态度积极

心理健康的人始终对自己的人生持有乐观、向上的积极态度,有上进心,乐于学习、工作和生活,能把自己的智慧和才能在学习、工作和生活中充分地发挥出来,并取得成就,获得满足感;能够客观评价自己,积极地完成学习和工作任务;在遇到困难的时候,能够胜不骄、败不馁,努力争取更大的成就,实现自己的人生价值。

---

① 社会关系是一个多层次的关系体系,包括人们在生活实践中彼此建立的全部关系,以及由生产关系所决定的政治关系、法律关系、道德关系、宗教关系和心理关系等。

9.行为协调一致

人的行为像是心理活动的一面镜子,人的心理活动各方面都会在行为中得到反映,因此,人的心理健康也能通过行为体现出来。

10.兴趣爱好广泛

兴趣爱好给人们带来的积极影响是非常大的,如陶冶情操、增强体魄、开阔视野、调节情绪、舒缓压力等。一个人要想达到真正的心理健康,就必须有广泛的兴趣爱好。

(三)心理健康的等级与衡量原则

1.心理健康的等级

人的心理健康水平大体可分为三个等级。

第一级,一般常态心理。表现为心情经常愉快,适应能力强,善于与别人相处,能较好地完成与同龄人发展水平相适应的活动,具有调节情绪的能力。

第二级,轻度失调心理。表现出不具有同龄人所应有的愉快,与他人相处略感困难,生活自理能力较差,经主动调节或通过专业人员帮助后可恢复常态。

第三级,严重病态心理。表现为严重的适应失调,不能维持正常的生活和工作,如不及时治疗可能病情恶化,成为精神病患者。

2.心理健康的衡量标准

衡量心理健康没有绝对客观的划分标准,这是因为健康正常与否的界限是相对的,并没有绝对的分界线。通常情况下,判断心理健康,需要遵守以下三项原则。

第一,心理与环境的同一性原则。心理并不是凭空产生的,而是客观现实的反映。任何正常的心理活动和行为,无论其形式或内容都应与客观环境(自然环境与社会环境,特别是社会环境)保持一致,即具有同一性。人的心理或行为一旦与外界失去同一性,就难以为人所理解。

第二,心理与行为的统一性原则。个体的心理与行为是一个完整的、协调一致的统一体。这种统一性是确保个体具有良好社会功能和有效地进行活动的心理学基础。例如,在日常工作中,若一个人遇到一件令他气愤的事,在感知它的同时,应有气愤的情绪体验及相应的表情,并用高声的语调和激烈的行为来表达;但如果一个人用眉开眼笑的语气诉说一件气愤的事件,那就属于不健康的异常状态了。

第三,人格的稳定性原则。人格具有相对的稳定性,并在一切活动中显示其区别于他人的独特性,在没有重大变故的情况下,一般是不易改变的。如果一个能言善辩、大方、开朗的人,突然变得沉默寡言、害羞、抑郁,那他可能出现异常,他的心理(或行为)已经偏离了正常轨道。

二、校园足球运动员心理健康教育的基本原则

(一)全体性原则

贯彻全体性原则,基本要求为:

第一,在确定教育内容时要考虑大多数运动员共同的需要及普遍存在的问题,使他们都能达到心理健康教育的最基本要求。

第二,要注意给每个运动员接受心理健康教育的机会。

第三,在教育过程中,要特别注意个别运动员的特殊需求并给予及时帮助。

(二)全面性原则

心理健康教育是一个复杂的系统,它包括心理过程教育、个性心理教育等内容。因此,运动员心理健康教育只有整体发展了,才能取得预想的效果,任何片面化、顾此失彼的心理健康教育都会造成发展的不和谐。

贯彻这种全面性原则既要求教练员要树立"全人"的发展观念,及时发现和弥补运动员心理教育过程中的缺陷与不足,又要求教练员要整合学校、家庭、社会等力量协同配合,共同促进运动员心理的健康发展。①

(三)主体性原则

主体性原则,是指心理健康教育要以运动员为主,充分调动他们的主动性和积极性。当前,我国正在全面贯彻新课程理念,这更为运动员的主体性地位提供了有力依据。贯彻主体性原则,基本要求为:

第一,要全面了解运动员,包括运动员的身体状况、思维能力、个性特点、兴趣爱好等。

第二,要尊重运动员的主体地位,充分调动他们参与心理健康教育活动的主动性与积极性,使他们真正成为心理健康教育活动的主体、发展的主体。

第三,要发挥教练员的主导作用,而非主体作用,在教育内容、教育思想、教育方法、教育评价等方面积极创新,对运动员施加有计划、有意识的影响。

(四)发展性原则

发展性原则,是指以发展的观点指导运动员心理健康教育工作,使之取得理想的教育效果。心理健康教育的目的在于促进运动员的心理发展。贯彻发展性原则,基本要求为:

第一,制订心理健康教育的计划与目标,在整个教育过程中要有章可循,切忌漫无目的的教育。

第二,无论心理健康教育采用哪些内容、思想、评价方法,都要能够引起运动员的心理变化,能有利于促进运动员心理发展。

第三,教练员要用发展性的眼光看待运动员的心理问题,做

---

① 崔光成.大学生心理健康教育[M].北京:北京大学医学出版社,2013.

好预防运动员心理问题产生、维护运动员心理健康状态、促进运动员心理发展等工作。

(五)针对性原则

针对性原则,是指心理健康教育应根据运动员身心发展的特点和规律,有针对性地实施教育。由于每位运动员的成长环境、家庭条件、知识储备、文化修养等方面存在较大的差异,因此他们的心理发展也具有不同的特征。有鉴于此,心理健康教育必须要坚持针对性原则,即因材施教,全面分析运动员心理发展的共同特征及个体差异,有针对性地设计教育目标、选择教育内容和方法。

(六)民主性原则

在运动员心理健康教育过程中,尽管教练员和运动员所处的位置不同,所扮演的角色不同,但他们在人格上是平等的,应该互相尊重、互相理解,遵循民主和平等的原则。民主性原则和主体性原则是相辅相成的,因为只有在民主型的师生关系中进行心理健康教育,才能真正体现大学生的主体性。只有坚持民主性的原则,教师以真诚、友爱和平等的态度对待每一个学生,成为学生的知心朋友,学生才愿意亲近教师,才能帮助教师了解和掌握学生的真实心理。

(七)保密性原则

保密性原则,是指在运动员心理健康教育过程中,教练员应充分尊重运动员的个人隐私,对不宜公开的个人信息应保守秘密。运动员心理健康教育,尤其是个体的心理咨询,必须建立在信任与坦诚交流的基础之上,不能保守秘密,运动员的尊严和隐私就没有保障。贯彻保密性原则,基本要求为:

第一,教练员要充分尊重运动员的个人隐私,能够以恰当的方式采集个人的信息资料。

第二,教练员要科学管理运动员的信息资料,未经许可不得扩散这些信息。

第三,教练员对运动员的心理问题进行处理时,要在特定的范围之内进行,绝对不能对运动员的生活、学习造成不良的影响。[①]

(八)活动性原则

活动作为心理的本源,它是心理产生和发展的最重要因素。对于运动员心理健康教育而言,它不是以考核运动员掌握了多少心理健康知识为目的,而是以促进他们心理健康发展为目的。离开了运动员自身的活动(无论是身体的活动还是心理的活动),一切心理健康教育都是徒劳的。贯彻活动性原则,基本要求为:

第一,教育活动的形式要多样化,让每个运动员都能参与进来。例如,教练员可以带领他们观看心理健康影视剧、阅读心理健康书籍、参观心理健康画展等。

第二,教育活动的设计和组织要符合运动员的身心发展特点,具有针对性。教练员可以利用网络的开放性、娱乐性有针对性地设计和组织一些心理健康教育活动。

第三,教育活动要坚持"以人为本"的核心思想。教练员只有明确了运动员的主体地位,才能让他们更轻松、更积极主动地表达自己的所感、所想,从而更加有利于心理健康教育活动的开展。

三、校园足球运动员常见的心理问题及调适

(一)依赖心理

依赖是一种人格特征,它的特点是没主见,缺乏自信,事事不能自立。依赖心理的突出表现是运动员在校园足球课堂上练习

---

① 马培安.大学生心理健康教育[M].济南:山东人民出版社,2014.

得不错,但是课后离开教练员就不知怎样练习,也就是所谓的"课堂明白,课后糊涂"。

1.形成原因

造成这种依赖心理的主要原因是:运动员把对教练员的尊敬和信任变成了行动上的依赖,导致了把自己的一切学习活动都依附在教练员的身上,教练员怎么说就怎么做,而没有很好地领悟教练员的要求,没有把教练员的要求转化成自己的观念。再者,运动员盲目地模仿,也是造成依赖心理障碍的原因之一。在依赖心理的长期支配下,运动员自身会产生惰性,逐渐失去了学习的主动性,这对于学习活动极为不利。

2.调适措施

具有依赖心理的运动员,要在学习活动中创造条件发挥自己的主体意识,克服学习上的惰性,增强自觉性。同时,教练员也应当充分肯定这类运动员在学习过程中的"闪光点",加强他们主动参与学习的积极性。

另外,教练员还可以运用讨论、交流的教学手段,要求他们在课堂上适当做笔记或录音,课后写学习的心得体会,让他们认真思考学习过程中的重点、难点,这样在课后练习时,就能有所依据。[①]

(二)逆反心理

逆反心理是指个体产生的一种与一般人对立或完全相反的情绪和体验,这种心理作用的结果往往是适得其反的,达不到预期的目的。

大多数情况下,运动员的学习过程是平静、缓和的,教练员与运动员之间配合比较默契,教学效果较好。但在实际的教学活动中,也会有"逆反"的情况出现,这造成了运动员在学习过程中的

---

① 张宏如.当代大学生心理学(第2版)[M].北京:北京首都经济贸易大学出版社,2014.

"逆反心理"。逆反心理表现为运动员在学习中带有盲目性和自负性,过高地估计了自己的实际水平和能力。

1.形成原因

运动员之所以产生逆反心理,既有自身的原因也有外部的原因。自身方面,运动员性格高傲、孤僻,喜欢独来独往、自由自在;外部方面,教练员管理方法过于苛刻,教学环境非常恶劣等,都有可能造成运动员产生逆反心理。

2.调适措施

一是把握好自我。具有逆反心理的运动员要经常提醒自己,遇到不顺心、不合理的事时要尽力调节自己,提高自我修养。要认识到"退一步海阔天空",深知要突显自己的与众不同并非是通过与他人的对抗来实现的,并学会站在教练员这个"巨人"的肩膀上以形成自己的独特风格。

二是掌握化解冲突的方法。当具有逆反心理的运动员表现出逆反行为时,运动员可以采取以下方法缓解矛盾:一是进行积极的自我暗示;二是寻找"叫停"的合理解释;三是用幽默技巧化解冲突;四是用转移法化解矛盾;五是用角色扮演的方式,体验对方的心理、期待和要求。

三是尊重、理解自己人际交往中的各个对象。具有逆反心理的运动员要学会承认个体之间存在的冲突与矛盾,与同学、朋友、教练员要相互接纳、相互尊重。另外,还要主动与他们接触、交流。只要抱着宽容的心态去尊重、理解自己人际交往中的各个对象,逆反的心理就会大大减少。

(三)自卑心理

自卑表现为运动员对自己的个人能力、品质做出偏低的评价,常常觉得自己不如人,无所事事。对稍加努力就可完成的事轻易放弃,不能自立,容易自暴自弃。

1.形成原因

运动员在学习校园足球过程中,当身体素质、运动技能不如其他队员时,易产生自卑心理。这类运动员无论其学习水平如何,在进行学习活动的自我评价时,总是存在着实际水平与期待水平的鲜明落差,并最终由于缺乏足够的信心,无法对自己做出正确的评价,过分夸大了自己与别人水平的差距。另外,这类运动员还习惯用自己的缺点与别人的优点相比较,总觉得自己比不过别人,或是将自己期待的水平当成自己的现实水平,从而人为地给自己设置各种不必要的心理障碍。

2.调适措施

一是接受自己、相信自己。带有自卑心理的运动员要充分接受自己、相信自己,相信"天生我材必有用",尽量发现自己的独特之处,并在固有学习能力的基础上,不断改进学习方法,提高自己的学习能力,赢得队员与教练员的肯定。

二是保持积极、乐观的心理暗示。带有自卑心理的运动员要学会积极、乐观的心理暗示,如"我能行""我肯定没问题""我完成这件事非常容易"等。值得说明的是,应用心理暗示的时间、地点、条件没有特殊的限制,若运动员一旦发掘自己产生自卑情绪了,就及时做出积极、乐观的心理暗示,鼓励自己,增强信心。

三是重视小的成功。一个人信心的强度与他的成功率成正比,有自卑感的运动员可以多做一些力所能及、成功率较大的事。当取得这些成功之后,再循序渐进,不断抬高目标,争取获得更大的成功。

四是多与积极、乐观的人交往。带有自卑心理的运动员,若一味地选择与沉默、孤独、封闭的人交往,那么他(她)的自卑心理会越来越严重。这是由于双方谈论的话题都是彼此的自卑感与痛苦经历,双方都不能得到应有的肯定。但倘若与积极、乐观的人交往,带有自卑心理的运动员会自然而然地被这些人的言行举止所触动,逐渐打开心扉,拥抱阳光,同样学会以积极、乐观的心态面对学习中的所有难题,最终摆脱自卑心理。

五是培养多彩的生活方式。带有自卑心理的运动员应当发展自己的兴趣爱好,不能长时间地处于校园足球这个小圈子里,而是要多多尝试生活的变化,在丰富多彩的生活中发现自己的长处,增强自信心。

(四)厌学心理

厌学心理直接导致了运动员失去学习校园足球的动机和兴趣,处于不想学、不爱学、不得不学的情绪状态,甚至逃学。厌学常常伴随焦虑或者抑郁、恐惧情绪,它对运动员的危害极大,不仅削弱了运动员学习校园足球的积极性,还严重影响了运动员的终身成长。

1.形成原因

(1)内部原因

一是一些运动员身体素质较差、足球技能低。近年来,我国很多家长认识到了体育运动给孩子带来的巨大帮助,因此一股脑地让孩子学各种体育运动,而校园足球更是成为家长与孩子经常选择的体育运动。但是,我们也看到,并不是所有的学生都适合校园足球运动。许多学生身体较差且在校园足球运动方面并没有很大潜力,但是基于家长的安排,只能硬着头皮选择这种运动。这就导致了这类学生在校园足球运动过程中经常会感到学习吃力,跟不上教师的教学进度,进而导致考试成绩接二连三的失利,最终产生厌学心理。

二是一些运动员心态浮躁、目光短浅。部分运动员以为自己是校园足球队中的一员就很了不起,没有调整好自己的心态,也缺乏积极的学习态度,因此不断旷课、逃课。

(2)外部原因

一是社会中的各种不良风气与不良思想对运动员的人生观、世界观、价值观产生了重大的影响。例如,"中国足球运动发展无望""学足球毫无用处"等观念让一些运动员在学习校园足球过程中充满恐惧感,甚至自怨自艾、自暴自弃。

二是学校对校园足球关注度不高。通常情况下,足球场地规范、足球器材完善、足球教练员教学能力强、足球教学设施齐备、足球文化良好的学校能激发运动员学习校园足球的兴趣,提高他们的学习能力;相反,则会促使他们产生厌学心理。

三是有些家庭的教育方法不当,尤其是一些经济条件优良的家庭,他们把孩子放进学校,就是让孩子在学校里学知识、提高技能,而孩子在学校里学足球是非常难接受的。这些家长认为,如果自己的孩子喜欢踢球但讨厌学习文化,是严厉禁止的。带有这种思想的运动员进入校园足球队后,就整日精神恍惚、心事重重,有着严重的厌学心理。

2.调适措施

运动员厌学心理的调适,需要运动员自身以及学校、家庭与社会四方面的共同努力,密切配合。就运动员自身而言,应注意从以下几个方面进行调适。

一是充分认识自我价值。具有厌学心理的运动员要重新认识自我价值,形成良好的自我意识,这是调适厌学心理的重要一环。在校园足球学习过程中,运动员可以选择自己喜欢的知识内容,培养自己良好、积极的学习态度和行为,并从正面对自己的学习行为予以评价,让自己在前后比较中接受自我,相信自己也是一个有能力、有前途、受尊重的人。

二是不断培养自己的自尊心。具有厌学心理的运动员不能"破罐子破摔",觉得自己一无是处而选择继续沉沦,而是要尊重自己,不断培养自己的自尊心。当然,培养自己的自尊心,并非一味地强调个人的自尊心,如果片面强调个人的自尊心,那么就会导致自己只顾个人荣誉而不考虑集体利益。因此,具有厌学心理的运动员在培养自己的自尊心时,应意识到自己的努力与团队的整体实力息息相关,激励自己用实际行动挽回集体的荣誉,激发自己的集体荣誉感。

三是建立成就感,培养学习的兴趣。具有厌学心理的运动员要想摆脱厌学心理,首先要使自己尝到成功的滋味,逐步建立成就感,逐渐激发自己的自信心和好胜心。另外,他们也可以通过积极参加班级、年级或高校组织的各种校园足球竞赛活动,不断提升自己的学习能力,建立成就感,培养学习校园足球的兴趣。

四是构建良好、和谐的师生关系。运动员一定要以真诚、欣赏、尊重的心态对待教练员,并积极配合教练员的教学工作。只有这样,才能构建师生间的亲密关系,进而使运动员主动接受教练员教授的知识,提高学习校园足球的兴趣。

四、校园足球运动员的心理维护

(一)校园足球运动员的自我心理维护

1.正视情绪问题

遭遇困境或受挫出现消极的情绪时,不要逃避,要正视消极情绪,要明白它是一种正常的反应;冷静下来,对受挫及不良情绪产生的原因仔细地进行客观剖析和认真体验,以便有的放矢地找出最佳的解决方案。此外,要敢于表达或暴露自己的情绪,这样才能有针对性地和有效地驾驭与控制它。否则,盲目地压抑和掩饰既有害于自身情绪系统的健康发展,又不利于良好人格的重塑。

2.合理宣泄

通过适当的途径将压抑的不良情绪释放出来。宣泄要适度,方式需合理,不可违反社会公共秩序。不择方式与不顾后果的尽情宣泄可能会把事情弄得更糟,增添新的烦恼。合理宣泄通常可以用以下方式进行。

一是学会倾诉。当产生不良情绪时,朋友们聚一聚,一壶清茶,一杯咖啡,就事论事倾诉一番,把自己积郁的消极情绪倾诉出来,以便得到别人的同情、开导和安慰;也可以通过书信、电话等间接形式达到同样的效果。

二是高声唱歌。放开喉咙高声唱那些平时自己最喜欢唱的,且唱得最好而又有气势的歌曲,是排除紧张、激动情绪的有效手段。歌的旋律、词的激励、唱歌时有节律的呼吸与运动,都可以缓解紧张情绪。

三是哭出声来。从医学角度讲,短时间内的痛哭是释放不良情绪的最好方法,是心理保健的有效措施。因为人在情感激动时流出的泪会产生高浓度的蛋白质,它可以减轻乃至消除人的压抑情绪。当痛苦悲伤时,流泪会使人内心感到舒畅一些,如果低声饮泣不能减轻悲痛,那就索性哭出声来。

四是大声呼喊。可以吼叫(在室内面壁)或呼喊(到操场、旷野、山顶),在不妨碍他人的情况下高声疾呼,吐出胸中的郁闷。

五是以静制动。默默地侍花弄草,观鸟赏月,或舞文弄墨,垂钓河边,这种看似与排除不良情绪无关的行为恰是一种以静制动的独特的宣泄方式,它以清静雅致的态度平息心头怒气,从而排除沉重的压抑。这种方式往往是知识型社会成员的选择。

3.改变不合理信念

合理信念产生合理的情绪行为反应,不合理信念则产生不合理的情绪行为反应。可以借助理性的思考方式,纠正不正确或不合理的信念,以消除情绪困扰和行为异常。

4.自我暗示

自我暗示是指自己将某种观念暗示给自己,靠思想、语词,对自己施加影响以达到心理卫生、心理预防和心理治疗目的的方法。一个人如果故意对他人说心情不好,见一个人就说"我心情不好,别碰我",说得多了,他真的就心情不好了。积极的自我暗示将形成一种强烈的心理定势,并引导潜在动机产生行为。每个人都会有不顺的时候,试着在最不开心和失败时对自己说:"这是最糟糕的了,不会再有比这更倒霉的事发生了。"既然"最糟糕的事"都已经发生了,还有什么可怕的呢?既然已经到了最低谷,那么以后就该否极泰来了!当你在最不顺利的时候给自己这样的心理暗示,既会增强心中的安全感,也会给自己以信心。

5.自我放松

通过放松自己的躯体(身体)和精神(心理),以降低交感神经的活动水平,减缓肌肉紧张,消除焦虑等主观状态而获得抗应激效果。当人们面临挫折与冲突时,要学会自我放松。

(二)校园足球运动员的心理咨询

1.何为心理咨询

心理咨询是由专业人员即心理咨询师运用心理学以及相关知识,遵循心理学原则,通过各种技术和方法,协助来访者解决心理问题的过程。"协助来访者解决心理问题"的含义有二:其一,咨询关系是"来访"与"协助"关系,或者说是"求"与"帮"的关系,这种关系在心理咨询中有普遍意义;其二,帮助解决的问题,只能是心理问题,或是由心理问题引发的行为问题,除此以外,咨询师不帮助求助者解决任何生活中的具体问题。

心理咨询这一概念有广义和狭义之分。广义概念涵盖了临床干预的各种方法或手段;狭义概念主要是指非标准化的临床干预措施,也就是说,广义的心理咨询这一概念,包括了"狭义的心理咨询"和"心理治疗"这两类临床技术手段。

2.校园足球运动员的心理咨询

对于校园足球运动员而言,心理咨询对他们心理健康的促进作用有以下几项。

第一,可以为运动员提供一种新的学习经验和机会。运动员通过与咨询员的交流,能更全面、更客观地认识自己和现实。

第二,纠正运动员的某些错误观念。通过心理咨询,帮助运动员以更准确的观念取代原有的某些错误观念,从而获得适应社会的行为。

第三,可以给运动员提供一种建立新型人际关系的机会。在心理咨询中,咨访双方彼此信任,充满安全感,平等参与,可降低运动员的心理防御反应,形成一种和谐的咨访氛围。

第四,可以帮助运动员认识到自身问题的很大一部分是由于尚未解决的内部冲突,而不是外界的影响造成的。这是更为重要的功能。只有改变了自己的内部冲突,才能解决问题,并获得成长。

第八章 校园足球活动评价体系建设

第一节 校园足球教学评价的基本原则

一、公平、公开、公正性原则

一定要加强校园足球教学评价的透明度,在民主、平等、公平、公开、公正的情况下进行。要坚决防止"假作真时真亦假,无为有处有还无"与"低作高时高亦低,不行为行行不行"的混乱颠倒现象。

要深知,评价的不公与失真,常常易导致师生的心理失衡与判断失误。本来成绩欠佳的学生或足球教师,评价偏高,会使其产生盲目乐观甚至骄傲自满情绪,影响其本应具有的上进心与积极性;本来成绩不错的学生或足球教师,评价偏低,也会挫伤其积极性,有个别学生甚至会产生悲观情绪,以为作为"一方净土"的学校和"人生楷模"的足球教师都如此不公,于是好罐子当成破罐子摔,从此一蹶不振,毁灭了人才,实乃教育的悲剧! 为此,还要随时对教学进行评价,即对校园足球教学评价进行民主监督,以确保其公正性。

二、客观性原则

客观性是公正性的保证,也是公正性的前提和基础,是校园足球教学评价的基本要求。校园足球教学评价的目的,就在于对足球教师教学与学生学习给出客观的价值判断。如果失去客观性,也就失去真实性,就从根本上失去了教学评价的目的,甚至产生负面效应与负面影响,产生虚假信息,导致错误决策。贯彻落实客观性原则,要注意以下三个要求。

第一,评价标准客观,不带随意性。

第二,评价方法客观,不带偶然性。

第三,评价态度客观,不带主观性。

这就要求用科学可靠的检测技术和先进的分析评价方法,并运用现代化的先进工具,取得真实可靠的数据、资料,以客观事实为依据,实事求是,得出客观的结论。

三、整体性原则

要从系统论角度出发,从校园足球教学工作的整体出发,树立整体理念和全方位、深层次、多角度观点,进行多方面评价,防止以点代面,以偏概全,以局部代替整体。贯彻落实整体性原则,要做到如下两点要求。

第一,评价内容的全面性。每个学生都有自身的特点,在校园足球教学中不能只评价单一的知识点,如仅仅局限于校园足球理论与技能领域,而是要广延至学生的品德、个性、意志、态度、兴趣等非认知因素范畴,以及足球教师的教学行为、授课质量等诸多方面。在评价中足球教师应采用激励、鼓励的方法,为每个学生创设轻松、愉快的氛围,使每个学生都能得到满意的肯定。这样才能真实反映出学生的综合素质及校园足球教学的现状与效果。

第二，评价主角的全面性。在校园足球教学评价中，要让每一个学生都成为评价的主角，要面向每一个学生，每个学生都具有多种智能，并有独特的表现形式，再有还要承认并尊重学生存在的个性差异，让每一个学生都能得到激励和鼓励。所以我们不能用一种标准去评价不同的学生，要根据学生的不同特点，采取不同的评价策略。

四、指导性原则

校园足球教学评价来源于校园足球教学实践，反过来又要服务于校园足球教学实践并指导校园足球教学实践。贯彻落实指导性原则，要做到如下三点要求。

第一，明确教学评价的目的在于指导师生的教学与学习，帮助师生改进教与学，提高教学质量。

第二，信息反馈要及时，不要搞"过时的评价"。

第三，重视实践中的动态性，起到及时矫正的作用。

第四，分析指导要切合实际，扬长避短。

五、科学性原则

校园足球教学评价的基础与核心是科学性。校园足球教学具有鲜明的科学性，对其所进行的评价也应当具有科学性。不仅评价目标、评价标准要科学化，而且评价程序、评价手段、评价方法也要科学化。贯彻落实科学性原则，要做到如下几点要求。

第一，对评价内容做出科学的排序，如校园足球理论、校园足球技能、校园足球教学技能。而校园足球理论又分为基础理论、专业基础理论、专业理论；校园足球技能也分基础技能、专业基础技能、专业技能；专业技能又分单项技能、综合技能。因此，评价要体现科学的渐进性与系统性。

第二，从教与学对立统一的观点出发，确定综合衡量教与学的科学标准。

第三,运用科学的统计测量手段,编制各种科学的测验量表,并对各科测评信息进行科学的分析与处理。

第四,运用科学的评价程序,从信息的收集、贮存、处理到反馈,都要严格按程序进行。

第五,要系统、全面、科学地分析、判断足球教师的教学质量。

六、多元性原则

在当今世界,多元文化发展不仅表现在社会政治、经济和文化领域,而且也深刻地反映在个人的生活中,反映在对待具体问题的看法上。如果足球教师使用不同的教学方法、教学策略、教学模式等来组织、实施教学活动,那么评价者对足球教师的校园足球教学采用一元的评价显然是有局限的,取而代之的应该是多元的评价。关于多元性原则,本文将在下面讲述校园足球教学评价观时作详细讲解。

七、发展性原则

校园足球教学评价强调从发展的角度出发,了解评价对象个体间的差异及能力,由关注教学效果的强弱向关注评价对象的发展转变;由孤立的单科教学向多学科的交叉融合转变。

校园足球教学评价之所以要坚持发展性原则,其目的是为了促进评价对象的发展,它立足现在,回顾过去,面向未来,它不仅重视评价对象的现实表现,更重视评价对象的未来发展和个人价值,促进评价对象在原有的水平上积极主动地发展。这也就是说,对校园足球理论与技能的教学并不是校园足球教学的唯一目的,而对于校园足球理论与技能的相互融通,以及对本学科知识与其他学科知识的融会、重新组合并加以运用和创造的能力才是校园足球教学的核心目标。

在这种评价过程中,所有的评价对象都能够获得鼓励,都能体验成功与进步的快乐,从而使评价对象形成自我认识、自我教育和自我进步的能力,促进学生自觉主动地发展。

八、可操作性原则

校园足球教学评价体系既是一种标准体系,更多的则体现着一种方法体系。校园足球教学评价是一种偏向实践的教学评价,它更侧重于学生通过校园足球教学学到了什么,用的怎么样,因此评价方法要有较强的可操作性。

第二节 校园足球教学评价的核心观念

一、发展性评价观

发展性评价观的核心观念是:突出"以人为本"的价值观,将"以学生发展为中心"作为评价的出发点,并以促进评价对象的发展为根本目的。其特点为注重评价方法的过程取向、注重评价对象的主体取向、注重用发展的眼光来客观评价主体的发展。发展性评价观的特点如下。

(一)强调评价主体的交互性

发展性评价观强调评价主体的交互性,要求评价双方必须建立在平等、相互信任的基础上来实施评价,共同制定双方认可的发展目标,注重评价对象的自我评价和反思。在形成终结性评价之前,评价主体应对评价对象给予指导、帮助并尽量为其提供再次修正的机会,只有这样,才能促进发展。

(二)强调评价结果的激励性

实施校园足球教学评价的根本目的是为了更好地促进学生的全面发展,促进足球教师校园足球教学水平的提高和专业化成长,促进学校对校园足球课程的管理与发展,促进校园足球教学、科研进一步深入实践。

(三)强调评价方法的多样化

传统校园足球教学评价主要考察学生对校园足球理论知识的掌握程度,评价方法存在单一化和简单化,没有注重学生校园足球表演和校园足球审美能力的考核。新时期校园足球课程的目标和内容的改革,要求采用不同评价方法对学生的品德、个性、课程学习、生活和社会适应情况进行评价。

另外,发展性评价观注重对学生能力和综合素质的考察,坚持以质性评价为主,质性评价与量性评价相结合,在学生日常评价实践中,采用表演、测验、音乐欣赏能力、成长记录袋、学习档案袋等多种方法全面评价学生,促进学生全面发展。

(四)强调评价方式的动态化

发展性评价观不仅要评价学生的校园足球学习结果,更要对学生发展变化过程中多次、及时、动态地实施评价,有机地将终结性评价与形成性评价结合起来,静态评价与动态评价集合起来,并允许给予多次评价机会,重在强调被评价学生的转变与发展。

(五)强调评价实施的日常化

发展性评价观非常注重评价的实效性,鼓励将评价贯穿在日常校园足球教学活动中,将评价日常化、通俗化。

（六）强调评价的个体差异性

由于先天素质和生活环境的差异，使每个学生形成了迥异的爱好、长处和不足。同时，学生不仅在学业成绩上存在差异，还在生理特点、心理特征、动机兴趣、爱好特长等方面也存在差异。学生的个体差异性决定了学生的发展目标、发展速度与发展轨迹的独特性。而发展性评价观正是强调要关注学生的个体差异，建立因材施教的评价体系。具体而言，发展性评价观就是要关注和理解学生的个体差异性，尊重和认可学生个性化的价值取向，依据学生的不同背景和特点，运用不同的评价方法，正确判断每个学生的发展潜能，并为他们制定个性化的发展目标和评价标准。

二、多元智能评价观

多元智能评价观是一种基于多元智能理论，旨在促进学生全面发展的评价思想，它比传统的评价观更强调满足教学效率，同时更多地体现了平等和发展的思想，是解决当前教育公平和教育效率问题的一个有效途径。①

多元智能评价观认为，对学习者或教学者的评价应采取多元的方式，才会符合人的自身发展特点和规律。对于校园足球教学而言，多元智能化评价观的核心思想主要体现在以下几个方面。

（一）评价目标多元化

在校园足球教学中，校园足球教学的主要目标是增强学生校园足球理论知识，提高学生校园足球技能。但是，这两个大目标下面又包含很多小目标。校园足球教学目标的多元化决定了教学评价的多元化。

---

① 王海燕.多元智能评价观的实现方式[J].软件导刊（教育技术），2008(12).

(二)评价内容多元化

评价内容的多元化体现在三个方面:一是校园足球教学评价对象的多元性除了包括学生的校园足球学习评价外,还包括对足球教师校园足球教学的评价和对校园足球课程管理与建设的评价;二是由于评价对象存在差异,因此在校园足球教学评价中允许评价对象自己选择评价内容,采取不同的方式表达对评价内容与方法的看法与建议;三是校园足球课程与其他学科之间存在着密切联系,如运动生理学、物理学、历史学、心理学等。因此,在评价内容上在坚持"以校园足球教学评价为本"的同时,亦应包括其他内容的评价。

(三)评价方式

评价方式与方法的多元化是由校园足球教学评价内容的多元化所决定的,校园足球教学评价应当坚持形成性评价与终结性评价相结合,定性评价与定量评价相结合,自评、互评及他评相结合的方式。

(四)评价主体

校园足球教学评价主体多元性是指评价主体不仅包括足球教师还包括学生、学校、家长以及社会等各个方面。

(五)评价工具

传统的校园足球教学评价往往通过考试、考查的方式来检测评价对象对校园足球理论知识、技能的掌握情况。多元智能评价观则强调评价工具的多元化,如"校园足球学习发展档案袋""校园足球学习经验值""校园足球学习观察记录表""校园足球教学日志""校园足球学习测试题库"等。

第三节 校园足球活动评价体系存在的问题

一、教学理念和教学方式落后

传统的足球教学评价体系一般是先让学生展示足球运动的运动技术和技能，看是否能达到标准的规定，然后测试学生的体能和关于足球战术和布阵方面的书面测试，最后老师再综合各个方面对学生的观察做出的评价，最终得出学生的成绩是否合格。但是学校对体育教学的目标有五个方面内容的要求，包括参与运动的目标、强身健体的目标、运动技能目标、心理健康目标以及社会适应目标。对比这个教学目标来看，传统的足球教学评价体系仅仅只是将运动技能和运动技术作为主要的评价内容是远远不够的，不但没能完全体现出高效体育教学的目标，而且更重要的是不能客观有效地反映出足球教学的价值。

二、足球教学评价体系与学校教育制度不相配

足球教学评价一直都或多或少受到传统教学评价方法和理念的影响，通常是把不同的评价对象都置于同样的标准和模式进行评价，并用统一价值去要求被评价对象。基于这种评价理念的导向，就会出现对所有不同的学生个体采用统一评价标准的现象，这样只会导致学生们机械地进行运动技能和运动技术的学习和训练以满足通过评价要求。这种为了满足考试过关而参加体育锻炼的做法，结果只能是浇灭了学生学习足球的兴趣和热情，这是完全不符合素质教育体系体育教学理念的。

三、评价体系缺乏灵活性

传统的足球教学质量评价体系基本以考核学生的运动技术为主,考核的时候选择几项足球技术作为考核内容,老师们根据学生应用这些技能的情况给予相应的分数。实践证明,这种考核方式是比较单一、机械化的,在实现素质教育的全体性、全面性、主动性及教育的公平性方面都存在一定的缺陷,比如有些学生天生体质弱、身体素质差,如果还用统一的标准去考核他们就有失公平性,对他们的身心健康也有不利影响,所以说传统的足球教学评价体系评价的视角过于狭窄、评价内容过于单一、评价标准和形式过于单一等都不利于被评价对象的参与主动性而影响教学质量。

第四节　校园足球教学评价体系的构建与优化

一、更新教学理念和方法

更新学校足球的教学理念,不再是传统的单一的为了修学分而被迫学习一些浅显的足球知识和技能。而是真正科学地为学生足球课外活动提供指导,真正意义上培养学生的身体素质和终身进行体育锻炼的意识与精神。所以,当今学校应结合高校学生的实际情况,制定符合现阶段学生爱玩、爱动、喜欢挑战新鲜事物的特点,最大限度发挥出足球的趣味性与健康功能,让足球教学充实而精彩,真正让学生喜爱这项运动,提升自身综合素质。可以在足球教学之中添加一些游戏以及竞赛等,寓教于乐,激发学生对于足球运动的兴趣,在愉快的环境中更好地掌握足球知识和技能,提升学生综合素质,也提高了足球教学的效果。"力行而后知之真。"只有在真实的对抗、比赛中,学生才能加深对每一个技术动作的印象,才能真正感知体验足球竞技,才能提高认识并学以致用。因此,教师应以学生发展为中心,尽可能多地设计一些接近于足球比赛中复杂现实的模拟情景,加强实战教学,调动学生的学习积极性,真正掌握和运用足球技战术。

二、建立科学具体的评价体系

合理的足球教学评价体系的建立是促使足球教学改革和发展的有效手段,同时也可以不断提高教学质量,因此,优化足球教学评价体系的构建有着重要的意义。首先,评价学生的体质和足球基本技术。高校可以在入校的时候组织进行学生体能体质的测试,通过观察、问卷调查、访问的方式对学生所掌握的足球基本技术和身体素质有个基本的了解,比如掌握学生颠球次数、脚背内侧传球的距离、比赛团队协作精神、短距离加速能力以及长距离奔跑耐力,等等,将这些考核的内容整理成档,作为考核的初始资料,往后在大学期间的考核评价情况都会记录在里面,形成一个连续的评价体系,通过考核评价数据的变化就能知道学生各项技术的能力。还可以构建一套多元化多维化的评价体系,不只是单一的老师评价学员,而是将各个方面的人员全部加到评价体系当中。让学生成为主体之一,学生也可以评价老师,并在这样自评与他评的过程中发现自己,改善自己,发展自己。除了对原有的足球教学模式进行改进,还要对足球的技术教学活动进行重新设定。同时根据不同的教学形式编制相应的教学内容以及考核制度,从而使学生在愉悦轻松的学习氛围中,积极投入到足球运动中来,全面发展自身的综合素质。

三、优化多元化多维化的评价体系

在已建立的多元化多维化的评价体系的基础上,不断优化,做到科学评价，重在激励。针对不同学生的不同特点和身体素质，实施个性化评价，真正意义上关注每个学生的成长和健康。并以激励为主，赞扬那些保质保量完成足球课上任务和身体素质较好的学生，鼓励那些身体素质方面不突出但也同样努力的学生，让他们看到自己的进步，看到自己的成长。重视对学生终身体育意识形成的评价，在评价中要考查学生终身体育意识形成与发展的情况，提高学生对自身健身的自觉性，将被动参加体育活动的行为变成主动参加，养成良好的健身行为和生活方式，使足球教学评价能影响到学生将来的体育锻炼意愿。还可以将终结性评价、形成性评价与诊断性评价相结合。在传统的足球教学评价中终结性评价在足球教学中占主导位置，这种评价方式可以反映出教学的最终结果，但由于评价方式和教学内容不同步，同时对教学过程中暴露出的问题不能及时给予反馈。针对这种评价方式的缺陷，我们建议将终结性评价、形成性评价和诊断性评价相结合，三种不同的评价方式的综合运用可使整个足球教学评价处于一种动态的环境中。在足球教学中，采取定量的方法进行评价，增强了评价的科学性，改变了过去单一的定性评价，而追求定量评价，使定量评价占据了主要地位。但是足球教学极为复杂，有它自身的特殊性，量化指标的教学评价是不全面的，缺乏科学性。因此，将定性与定量评价相结合才能全面地把握被评价者的学习情况。

参考文献

[1]汤宪博.足球场进行曲[M].北京:中国财政经济出版社,2015.

[2]高原,于泉海,鄢润国.足球[M].北京:北京体育大学出版社,2014.

[3]何志林.足球教学训练工作指南[M].北京:人民体育出版社,2010.

[4]谢蒂.课外体育活动指南[M].芜湖:安徽师范大学出版社,2012.

[5]徐俊.中小学校园足球教学指南[M].宁波:宁波出版社,2014.

[6]李晓峰.校园足球[M].合肥:合肥工业大学出版社,2015.

[7]刘桦楠.青少年校园足球理论与实践[M].长春:东北师范大学出版社,2014.

[8]高原,刘晓宇.校园足球指导手册[M].北京:北京体育大学出版社,2013.

[9]毛振明,陈海波.体育教学方法理论与研究案例[M].北京:人民体育出版社,2005.

[10]王炜华,刘兵,国辉.校园足球运动[M].长春:吉林大学出版社,2013.

[11]姚蕾,杨铁黎.中小学体育教学评价的基本理论与实践[M].北京:北京体育大学出版社,2004.

[12]陈伟军.教育学[M].北京:科学出版社,2009.

[13]王后雄.教育考试的理论与方法[M].北京:北京大学出

版社,2011.

[14]胡海建.实操教育学新课改[M].广州:广东高等教育出版社,2011.

[15]人民教育出版社课程教材研究所体育课程教材研究开发中心.中小学校园足球教师用书(小学)[M].北京:人民教育出版社,2015.

[16]人民教育出版社课程教材研究所体育课程教材研究开发中心.中小学校园足球教师用书(初中)[M].北京:人民教育出版社,2015.

[17]人民教育出版社课程教材研究所体育课程教材研究开发中心.中小学校园足球教师用书(高中)[M].北京:人民教育出版社,2015.

[18]李志强,赵广才.青少年运动员科学选材手册[M].广州:华南理工大学出版社,2008.

[19]刘宇,李群,柳志刚.足球运动数据化初探[M].上海:上海教育出版社,2015.

[20]王崇喜,赵宗跃.足球[M].桂林:广西师范大学出版社,2013.

[21]吴国生,李金华.体育运动基础训练[M].东营:石油大学出版社,1994.

[22]庄小凤,沈建华.校园足球[M].上海:上海教育出版社,2014.

[23]苏蕾.营养与健康[M].北京:中国轻工业出版社,2013.

[24]张钧,张蕴琨.运动营养学[M].北京:高等教育出版社,2006.

[25]隋洪玉.运动生理学[M].长春:吉林大学出版社,2015.

[26]郭英.合理膳食[M].长春:吉林大学出版社,2014.

[27]颜智,尹煜华.运动性伤病与处理[M].北京:人民体育出版社,2011.

[28]何冬梅,王丽娜.大学生心理健康教育教程[M].北京:

中国电力出版社,2010.

[29]崔光成.大学生心理健康教育[M].北京:北京大学医学出版社,2013.

[30]马培安.大学生心理健康教育[M].济南:山东人民出版社,2014.

[31]张宏如.当代大学生心理学(第 2 版)[M].北京:首都经济贸易大学出版社,2014.

[32]姚亚兵.足球运动对青少年的影响[J].读书文摘,2015(12).

[33]李松璞,张振东,王建智.现代足球运动的育人价值[J].青少年体育,2015(6).

[34]高民绪,刘洪春,穆国华.生态视域下我国青少年校园足球的发展路径研究[J].福建体育科技,2013(3).

[35]孙向东.践行科学发展观创新体育教学模式[J].消费电子,2014(18).

[36]王喜平.我国校园足球发展现状及对策研究[J].体育时空,2016(9).

[37]武斌.简析中国足球后备人才多元化培养模式的建立[J].运动,2013(18).

[38]张磊.开展校园足球,师资从哪里来[J].中国教师,2015(6).

[39]王海燕.多元智能评价观的实现方式[J].软件导刊(教育技术),2008(12).

[40]韩正忠.青少年足球运动员耐力训练研究[J].快乐阅读,2015(22).

[41]郑君.课堂教学反馈行为类型及其实施原则[J].当代教育科学,2010(3).

[42]朱秋会.关于课堂教学控制的思考[J].焦作大学学报,2011(4).

［43］何昌军.足球运动的损伤及预防措施［J］.新课程（中学）,2015(4).

［44］王荣凯,王婴宁.浅析足球运动员运动性疲劳产生与消除［J］.当代体育科技,2016(3).